40 dias de Avivamento

...se o meu povo, que se chama pelo meu nome, se humilhar e orar, buscar a minha face e se afastar dos seus maus caminhos, dos céus o ouvirei, perdoarei o seu pecado e curarei a sua terra (2 CRÔNICAS 7:14).

Prefácio por
Pr. Paschoal Piragine Jr.

40 dias de Avivamento

Livro
Devocional

Dia a Dia com Deus, 40 Dias de Avivamento
© 2011 Primeira Igreja Batista de Curitiba
Editado e publicado com a colaboração de Publicações RBC sob
acordo especial com a Primeira Igreja Batista de Curitiba.

Coordenador do projeto: Marcílio de Oliveira
Autores: Alexandre Sombrio, Arnaldo Muller Jr., Eliezer Magalhães, Elly Claire J. Lopes, Franco Iacomini, Haroldo Portugal, Hélio Dias, Igor Pohl Baumann, Lygia Portugal, Marcílio de Oliveira, Martha Zimmermann de Morais, Ricardo Lebedenco
Revisão: Marli Lima, Thaís Soler
Coordenação editorial: Franco Iacomini, Rita Rosário
Projeto gráfico: Audrey Novac Ribeiro
Capa e imagem: Wesley Senna Cortes

Dados Internacionais de Catalogação na Publicação (CIP)

Diversos autores — Curitiba/PR
Dia a Dia com Deus, 40 Dias de Avivamento — Curitiba/PR Publicações Pão Diário.

1. Devocional   2. Estudo Bíblico
3. Evangelismo   4. Salvação

Proibida a reprodução total ou parcial, sem prévia autorização, por escrito, da editora.
Todos os direitos reservados e protegidos pela Lei 9.610, de 19/02/1998.
O texto inclui o acordo ortográfico conforme Decreto n.° 6.583/08.

Exceto quando indicado no texto, os trechos bíblicos mencionados são da edição
Nova Versão Internacional © 2001 de Editora Vida

Publicações Pão Diário
Caixa Postal 4190,
82501-970 Curitiba/PR, Brasil
publicacoes@paodiario.org
www.paodiariopaodiario.com.br
Telefone: (41) 3257-4028

Código: XG304
ISBN: 978-1-60485-472-5

1.ª edição: 2012
2.ª impressão: 2017

Impresso na China

Sumário

Prefácio   7

Semana 1 — Aprendendo a viver dia a dia com Deus
1. O que isso quer dizer?   14
2. "Não fiz nada"   17
3. É pecado!   20
4. Rima perfeita   23
5. Caminhadas   26
6. O Espírito nas ilhas   29
7. Uma noite mudou tudo   32

Semana 2 — Descobrindo o prazer de viver o dia-a-dia
8. Aprendendo com um ex-ateu   36
9. Alegria, fé e música   39
10. Apaixonado   42
11. Amor e indignação   45
12. Click!   49
13. O que veio antes?   52
14. Ler não basta   55

Semana 3 — Adotando uma nova postura de vida no dia-a-dia
15. Radical   60
16. Jogando o lixo fora   63
17. Onde estão os canibais?   66
18. Fogueira, nunca mais   69
19. Intimidade   72
20. Xô, preguiça!   75
21. Mal moral   78

Semana 4 — Deixando as marcas de Jesus no dia-a-dia das pessoas

22.	Utilidade pública	84
23.	Capital de giro	87
24.	Voto	89
25.	Esperando Papai Noel	91
26.	Impossível?	95
27.	Da Índia a Angola	98
28.	Olhe em volta	101

Semana 5 — Assumindo no dia-a-dia a missão de falar do amor de Cristo

29.	O pregador caolho	106
30.	Outra cidade	109
31.	Qualquer um	113
32.	Medo	116
33.	O que o sapateiro falou	119
34.	Andorinha solitária	122
35.	Fazendo da coisa mais importante, a coisa mais importante!	125

Semana 6 — Aprendendo a viver um dia de cada vez

36.	Não pare, não pare, não pare!	130
37.	Cor e reconciliação	133
38.	Fracasso?	136
39.	Fogo de palha?	139
40.	Tal qual estou	143

Referências bibliográficas   147

Prefácio

Dia a dia com Deus

40 dias em busca de um avivamento

O FINAL DA MINHA INFÂNCIA foi marcado pela graça de Deus. Foi neste tempo que fiz a maior descoberta da minha vida espiritual: Deus pode falar conosco. Foi neste tempo também que ao ouvir a voz de Deus recebi o meu chamado ao ministério e, a partir daí iniciou-se uma busca por compreender o que significaria dedicar a minha vida ao Senhor e a Sua obra.

1. Lembro-me que recebi de uma senhora que mantinha um culto de oração em sua casa, alguns livros que contavam a história dos avivamentos e seus principais personagens.
2. Fiquei encantado com John Wesley e sua experiência de sentir o amor de Deus, como em ondas que envolviam a sua vida, durante um culto de oração.
3. O sermão de Jonathan Edwards: Pecadores nas mãos de um Deus irado. Tal sermão provocou a reação de arrependimento e as pessoas se abraçavam às colunas do templo em lágrimas e pediam perdão a Deus.
4. A vida de Charles Finney, que revelava a presença de Deus. O simples adentrar deste servo do Senhor em um ambiente gerava uma santa comoção de arrependimento e fé.
5. Estes homens do passado me inspiraram a buscar algo que fosse maior do que uma religiosidade, mais do que

o repetir de uma tradição cristã. Eu desejava conhecer a Deus, ouvir a Sua voz, buscar a Sua face e experimentar as manifestações tremendas e amorosas da Sua presença em meio ao Seu povo.

6. Inicialmente, orava por avivamento em minha vida, mas depois queria que este mesmo avivamento se espalhasse pela nação brasileira.
7. Recentemente, participei de um encontro de pastores dos cinco continentes e ouvi sobre o que Deus tem feito ao redor do mundo.
8. Você pode imaginar? Vinte e três pessoas de uma mesma família buscando uma casa de culto clandestina na Argélia, pedindo para serem batizados, país este, que até poucos anos atrás decapitava os dissidentes do islamismo. Em meio à enfermidade de uma destas pessoas, enquanto pediam misericórdia a Deus, Jesus lhes apareceu e curou, mandando-lhes procurar a Igreja clandestina, dando-lhes a indicação de onde era para que fossem batizados em Seu nome e pudessem conhecê-lo melhor.
9. Deus continua fazendo as Suas maravilhas! Nossa oração é para que Ele as faça em sua vida.
10. Mas tenho aprendido que ninguém, nem qualquer organização humana é capaz de produzir um avivamento. Este santo derramar do Espírito Santo é algo que só Ele pode realizar. Mas ao estudar a história dos avivamentos, descubro que há algo em comum na diversidade de todos eles.
11. Apesar de terem acontecido em meio a tantas culturas diferentes e teologias até divergentes, a única coisa comum em todos eles é a fome; uma santa busca de Deus que alcançou

os seus ouvidos e permitiu que o derramar da graça do altíssimo se revelasse.

12. Por isso, quero convidá-lo a fazer só o que podemos fazer: buscar a Deus pela fé em Jesus, invocar o Seu santo nome, pedir que Ele nos toque com a Sua graça e que revele a Sua glória!

13. Ao longo destes próximos 40 dias quero desafiá-lo a buscar a face do Senhor, a clamar primeiro para que você possa ouvir a Sua voz, ser tocado pelo Seu poder, ter a sua vida transformada pelo derramar da graça do céu. O que faremos é o que a letra de uma música popular nos ensina: "entra na minha casa, entra na minha vida... faz um milagre em mim".

14. Para que isto ocorra, assumiremos alguns compromissos importantes que irão refletir a nossa busca:

Todos os dias você vai separar um tempo pessoal para buscar a Deus. Este será o seu tempo sagrado! Jesus ensinou:

> Mas quando você orar, vá para seu quarto, feche a porta e ore a seu Pai, que está em secreto. Então seu Pai, que vê em secreto, o recompensará (MATEUS 6:6).

Durante este tempo peça a Deus que fale com você, coloque os seus sentimentos e necessidades diante dele. Diga que você deseja conhecê-lo poderosamente. Ele é o Deus Todo-Poderoso, só Ele pode abençoar a sua vida.

Leia um capítulo deste livro por dia. Ele foi preparado para ajudar você nesta busca de um avivamento pessoal. Ele contará a história de pessoas que trilharam esta mesma busca e encontraram a resposta.

Alguns versos bíblicos nortearão a nossa caminhada de fé.

Alguns capítulos pedirão que você reflita sobre algum assunto pessoal, outros, que você tome atitudes práticas. Isto porque buscar a Deus não é o repetir de uma liturgia capaz de convencer ou controlá-lo; mas uma experiência que permite sermos transformados, abençoados e curados pela graça de Deus. Afinal de contas o que buscamos é experimentar a presença poderosa de Deus.

Participe de um grupo de oração no decorrer da semana. Nestes quarenta dias quero desafiá-lo a participar de uma célula em sua igreja. As células são pequenos grupos de pessoas que se reúnem em uma casa por cerca de uma hora e trinta minutos para orar uns pelos outros, se ajudarem mutuamente, e estudar as Escrituras.

Por que isto é tão importante?

Porque podemos aprender com a fé dos nossos companheiros. Haverá dias em que você estará tremendamente motivado, outros, desanimado, mas quando não estamos sozinhos é muito mais fácil fazer a caminhada da fé.

A segunda razão é porque às vezes, ao enfrentarmos momentos tão difíceis não sabemos nem como orar. Deus usará pessoas para serem seus companheiros de busca e de vitória.

Há vários grupos destes e você poderá se integrar, mas se não conseguir, forme um, convide os seus familiares para participar desta jornada com você. Se precisar de ajuda ou orientação para isto pode nos procurar, mas o que mais desejamos é que a sua busca aconteça. Pois quem vai responder e fazer os milagres não será uma organização, nem uma metodologia religiosa, mas Jesus que é o autor e consumador de nossa fé.

Escolha dez pessoas de seu relacionamento pelas quais você vai orar. A verdadeira fé é dar, repartir e não somente pedir. Por isso, enquanto você busca algo de Deus, leve a bênção de Deus para estas pessoas.

Faça um contato com elas, diga-lhes que elas são muito especiais para você e por isso você estará separando tempo durante esta campanha para orar por elas. Pergunte-lhes quais são as suas necessidades para que você possa falar com Deus a favor delas de modo específico. Se tiver liberdade, peça-lhes para participarem do seu grupo de oração no meio da semana, mas não se esqueça de orar por elas.

No final desta campanha eu o desafio a fazer um novo contato e perguntar-lhes o que Deus fez. Você vai se surpreender! Deus é tremendo.

Mas não se esqueça de convidá-las a ir com você a um culto para agradecer a Deus por aquilo que Ele fez.

—Pastor Paschoal Piragine Jr.

Semana 1

Aprendendo a viver dia a dia com Deus

Versículo para decorar:

Se confessarmos os nossos pecados, ele é fiel e justo para perdoar os nossos pecados e nos purificar de toda injustiça (1 JOÃO 1:9).

1

O que isso quer dizer?

Senhor, ouvi falar da tua fama; tremo diante dos teus atos, Senhor. Realiza de novo, em nossa época, as mesmas obras, faze-as conhecidas em nosso tempo; em tua ira, lembra-te da misericórdia (HABACUQUE 3:2).

Martinho Lutero, William Carey, George Whitefield... Nomes como esses, conhecidos pelo que representam para a história do Cristianismo, estarão nas próximas páginas deste livro. Com eles estarão muitos outros, possivelmente desconhecidos do leitor — pastores das ilhas Fiji, pregadores zulus da África do Sul, evangelistas sul-coreanos. Eles aparecerão aqui como participantes de uma obra que não é deles, mas de Deus: o avivamento. Algo por que muitos crentes têm orado, mas que talvez seja mal entendido por uma grande parte do público nas igrejas.

O primeiro passo, então, é esclarecer o que vem a ser isso.

O avivamento é um movimento realizado pelo Espírito Santo em meio ao povo de Deus, que desperta os cristãos de uma fé adormecida. Para entender melhor, pense no entusiasmo de uma pessoa recém-convertida, que experimenta em cada passo da sua vida a providência e o sustento provenientes de Deus. Os anos se passam e ela esquece o vigor inicial.

Cristo continua presente em sua vida, mas os programas da igreja substituíram as demonstrações genuínas de fé, e o dia-a-dia atribulado ocupou a sua agenda, e a Bíblia e os irmãos perderam a prioridade. Ruim para ela? Não, ruim para toda a sociedade.

Para entender por que, imagine não uma pessoa, mas um imenso exército delas, todas nessa mesma situação. A fé, que Jesus nos ensina ser capaz de remover montanhas, deixa de ser um instrumento de mudança de vida para toda a sociedade. O livro de 2 Crônicas 7:13,14 dá uma indicação sobre como isso acontece.

Eis o que está escrito: "Se eu fechar o céu para que não chova ou mandar que os gafanhotos devorem o país ou sobre o meu povo enviar uma praga, se o meu povo, que se chama pelo meu nome, se humilhar e orar, buscar a minha face e se afastar dos seus maus caminhos, dos céus o ouvirei, perdoarei o seu pecado e curarei a sua terra". Fé genuína e comprometida traz benefícios ao crente e a todos à sua volta.

Aí é que entra o avivamento. É ele que desperta as pessoas para viver uma fé apaixonada, solidária, que deixa marcas do amor de Deus na vida daqueles que estão por perto. Martyn Lloyd-Jones, pregador e escritor do País de Gales, definiu assim: "É uma experiência na vida da Igreja quando o Espírito Santo realiza uma obra incomum. Ele a realiza, primeiramente, entre os membros da Igreja — é um reviver dos crentes[1]". Despertos, eles podem influenciar outros, numa cadeia transformadora de evangelismo e de serviço.

O caminho para o avivamento passa pela leitura da Bíblia e pela oração, que levam à convicção do pecado e, em consequência, ao arrependimento. Por isso, se você quer mesmo ler este livro e prosseguir na busca pelo avivamento, é melhor separar um tempo devocional só com você e Deus, todos os dias. E é bom também estar pronto para deixar o Espírito Santo agir em sua vida. Lutero, Carey, Whitefield e os outros que foram citados no primeiro parágrafo fazem parte daquela "...tão grande nuvem de testemunhas" de que fala a carta aos Hebreus (12:1). Eles, a seu tempo, conheceram o poder do Espírito Santo agindo por meio deles próprios e de irmãos de fé, de modo a transformar o ambiente em que viviam.

Cabe aos cristãos de hoje repetir a oração do profeta Habacuque, que serve de epígrafe a este capítulo: "...Realiza de novo, em nossa época, as mesmas obras, faze-as conhecidas em nosso tempo..." (3:2).

Se você está disposto a orar assim, pode virar a página.

2

"Não fiz nada"

Ora, a fé é a certeza daquilo que esperamos e a prova das coisas que não vemos (HEBREUS 11:1).

O QUE É A VIDA DIÁRIA para você? Agitação, correria, estudos, compromissos, reuniões, trabalho pesado, contas para pagar, responsabilidades familiares... Sem dúvida, o dia-a-dia da maioria das pessoas é intenso e desgastante.

Para o jovem Martinho Lutero, um adolescente de 14 anos que vivia longe dos pais para frequentar a escola — um luxo para poucos em fins do século 15. O dia-a-dia tinha a disciplina dos mosteiros e a pobreza dos estudantes que moram fora. Para ganhar algum dinheiro extra, cantava em coros que se apresentavam em funerais, casamentos e outras ocasiões. Foi num desses momentos que ele foi descoberto por Ursula Cotta, uma mãe de família que o acolheu e deu condições para que continuasse estudando.

Muitos poderiam pensar que, para alguém nessa situação, a bênção de ser recebido como um filho numa cidade estranha seria uma verdadeira mudança de vida, um novo despertar. Não foi o caso: a vida de Lutero mudou de verdade quando ele estudava filosofia na universidade. Ali, dentro da biblioteca, ele encontrou o livro que deu um novo rumo à sua vida, a Bíblia. Até aquele dia ele pensava que os pequenos trechos lidos na igreja eram a totalidade da Palavra de Deus. Ao ter acesso à Bíblia, desejou ter um livro como aquele só para ele. Impossível, porque naquele tempo todo livro era escrito à mão e havia poucos exemplares de cada um. Ter uma Bíblia só para si era algo raro e caro.

Mais tarde, decidiu entrar para a vida monástica quando, em meio a uma tempestade, viu um raio cair bem perto dele, sem atingi-lo. No mosteiro, encontrou outro exemplar da Bíblia. A partir daí, esse livro tornou-se um verdadeiro tesouro para ele. Passou a dedicar-se a jejuns e vigílias para servir a Deus com todas as suas forças e encontrar a paz para a sua alma. Foi por meio da leitura da Bíblia que ele, quando ficou gravemente enfermo, teve consciência de que seus erros e pecados o distanciavam de Deus, e assim, teve sua vida transformada ao crer em Jesus Cristo.

Aos 25 anos, alcançou o grau de bacharel em Estudos da Bíblia, e pessoas de todos os lugares desejavam ouvi-lo. Sua experiência de fé fora tão marcante que ele pregava que a verdadeira religião não era a prática de um sistema de doutrinas, mas a vida com Deus. Foi assim que, em outubro de 1517, ele pregou suas 95 teses na porta da igreja do Castelo em Wittemberg. Sua intenção era provocar um debate sobre os temas, não era romper com o papado. Mas suas teses se tornaram tão conhecidas e debatidas que Roma exigiu que ele negasse suas convicções publicamente — o que Lutero não fez. Mesmo sendo excomungado e perseguido, continuou falando da vida em Jesus para todos. Dedicou-se a traduzir a Bíblia do latim para o alemão e a colocá-la nas mãos do povo, usando uma nova invenção, — a imprensa. Assim, o despertar da vida cristã de Lutero acabou se tornando o despertar de milhões de pessoas que até hoje podem ter acesso à Bíblia e ao conhecimento de Deus.

O primeiro passo na busca pelo avivamento é um passo de fé — é crer naquilo que não se pode ver, como diz Hebreus 11:1. É o reconhecimento de que, sem o sustento de Deus, toda obra humana é impossível. Foi o que aconteceu com Lutero, que reconheceu esse fato ao escrever: "Não fiz nada. Deixei a Palavra agir. A Palavra fez tudo."

Você está pronto para despertar? Assim como Lutero e outros grandes homens através da história, você também pode viver seu dia-a-dia de uma forma apaixonante com Deus e impactar a vida de muitas pessoas. Basta mergulhar na Palavra de Deus e deixar que o Espírito Santo o oriente.

▌ Depois da leitura

Jamais me esquecerei dos teus preceitos, pois é por meio deles que preservas a minha vida (SALMO 119:93).

À luz do que foi tratado neste capítulo, medite sobre o versículo acima. Qual é a importância da Bíblia na sua vida?

3

É pecado!

> Sonda-me, ó Deus, e conhece o meu coração; prova-me e conhece as minhas inquietações. Vê se em minha conduta algo te ofende, e dirige-me pelo caminho eterno (SALMO 139:23,24).

A ITÁLIA DO SÉCULO 15 era um território de contradições. Era o centro do poder religioso de sua época, uma terra rica, conhecida pelos seus comerciantes e banqueiros e pelo apoio que estes davam aos grandes artistas de seu tempo. Mas era também um lugar de desigualdade, onde os pobres viviam em miséria extrema, e onde as tramas palacianas podiam ter mais importância que os juramentos públicos. A corrupção havia se tornado a principal regra de conduta. Era necessário que uma voz de Deus se levantasse para apontar o pecado, chamar ao arrependimento e proclamar o retorno à pureza da vida cristã. Essa voz foi a do frade Jerônimo Savonarola, que apesar de ter morrido antes da Reforma Protestante, foi um de seus precursores.

Savonarola era o terceiro filho numa família de sete. Desde muito cedo ele teve contato com as Escrituras e também desenvolveu a prática da oração, que lhe ocupava várias horas do dia. Essa rotina fez com que Deus lhe enchesse o coração de tal forma que a Palavra viria a transbordar, atingindo a todos em

Florença. Em suas pregações, ele desafiava o povo a se dobrar perante o Senhor, reconhecendo seu próprio pecado. As multidões que o escutavam no imponente Duomo, a catedral da cidade, saíam muitas vezes atordoadas e sem palavras.

O julgamento de Deus, proclamado na voz de Jerônimo, fez com que a cidade deixasse as publicações imorais para ler os sermões do famoso pregador. As pessoas abandonavam as canções das ruas para cantarem as músicas dos céus. Tamanho foi o impacto que, numa das ocasiões, crianças caminharam pelas ruas recolhendo as publicações obscenas, máscaras e quaisquer outros objetos que fizessem referência ao pecado.

O sucesso durou até o ano de 1498, quando Savonarola foi ameaçado, excomungado e por fim queimado em praça pública. Contudo, suas palavras já estavam marcadas no coração do povo. Por meio dele, Deus convidou uma cidade a fazer um balanço de vida, pesar suas motivações e escolher entre o certo e o errado.

Olhando para a sociedade atual, pode-se perceber que a história não é muito diferente. Assim como na Itália do século 15, as pessoas[2] também procuram os seus próprios interesses, sem se importar muito com julgamentos éticos. Numa era que se convencionou chamar de pós-moderna, o homem nunca foi tão senhor de si mesmo. Tendo como padrão de conduta os desejos do próprio homem, o mundo atual pode ser resumido na frase do teólogo Francis Schaeffer: "O homem moderno tem os pés firmemente plantados no ar." Uma humanidade perdida, sem referencial e carente da direção de Deus.

Como aconteceu na época de Jerônimo Savonarola, precisamos permitir que o olhar do Senhor sonde os nossos corações. Para aprendermos a viver dia a dia com Deus é necessário orar como o salmista: "Sonda-me, ó Deus, e conhece o meu coração; prova-me e conhece as minhas inquietações. Vê se em minha conduta algo te ofende, e dirige-me pelo caminho eterno" (Salmo 139:23,24).

Depois da leitura

Leia o Salmo 139:1,18

Savonarola percebeu que a sociedade em que vivia estava seguindo caminhos errados e convidou seus concidadãos a fazer um balanço de suas vidas, em que a regra deveria vir dos padrões definidos por Deus. Seu convite era para que cada pessoa corrigisse seus passos, de tal forma que, como resultado, toda a sociedade adotasse um novo curso.

Esse raciocínio foi válido para a Itália de 500 e poucos anos atrás, mas nada impede que continue válido no Brasil de hoje. Quais são as atitudes individuais que você pode tomar para tornar a sociedade em que vive um ambiente mais próximo dos padrões de Deus?

4

Rima perfeita

Mas as suas maldades separaram vocês do seu Deus; os seus pecados esconderam de vocês o rosto dele, e por isso ele não os ouvirá (ISAÍAS 59:2).

"Pecadores nas mãos de um Deus Irado." Se escutassem uma mensagem com esse título, talvez muitos tremessem — exatamente como aconteceu na pequena Enfield, no Nordeste dos Estados Unidos, em 1741. Uma história que começou com uma família dedicada ao Senhor: um pastor com 11 filhos, dez meninas e apenas um rapaz. Dirigente de uma única igreja durante 64 anos, muitas foram as orações desse pai para que seu único filho fosse um ministro, como ele. Suas súplicas foram ouvidas, tornando o jovem Jonathan Edwards não apenas mais um pregador, mas o protagonista de um dos maiores avivamentos da história.

Desde os sete anos de idade, ele se acostumou a orar sozinho, e o fazia durante horas. Aos 17, diplomou-se na Universidade de Yale, com honras. Aos 20, foi separado definitivamente para o ministério pastoral. Ele preparou uma série de sermões sobre a justificação pela fé, os quais serviram para o despertamento espiritual de sua comunidade.

Dentre esses, o mais significativo foi justamente "Pecadores nas mãos de um Deus Irado." Enquanto pregava, muitas pessoas se agarravam aos bancos, pensando que cairiam diretamente no inferno. "Vossas iniquidades vos fazem pesados como chumbo, pendentes para baixo, pressionados em direção ao inferno pelo próprio peso, e se Deus permitisse que caíssem, vocês afundariam imediatamente, desceriam com a maior rapidez, e mergulhariam nesse abismo sem fundo"³, disse Edwards. Naquela noite, os ouvintes da mensagem foram convocados por Deus a reconhecer que algo não estava bem em suas vidas e a tomar uma atitude para mudá-las. Foram chamados ao arrependimento.

Esse é um ponto comum em todos os avivamentos espirituais da História, e serve de ponto de contato para repensarmos a nossa própria vida. O avivamento é um fenômeno coletivo, um despertar produzido pelo Espírito Santo sobre toda uma comunidade — como a Nova Inglaterra dos tempos de Edwards. Mas seu ponto de partida é individual, e inclui o reconhecimento de que todos somos pecadores e de que só estamos livres do inferno neste exato momento porque Deus assim o permite.

O significado bíblico de arrependimento é mais abrangente do que aquele em que estamos acostumados a pensar. É mais do que sentir apenas remorso por um mau ato cometido. Refere-se à iluminação do Espírito no coração do homem, fazendo-o compreender seu estado de pecador, causando uma mudança de vida e um caminhar em direção a Deus. As principais ideias bíblicas incluem o abandono da maldade e do pecado, com dedicação total a Deus.

Arrependimento engloba um entendimento de que pecar é errar o alvo ou falhar, é transgredir o propósito de Deus para o ser humano, que é viver em comunhão com Ele. Isaías 59:2

diz: "Mas as suas maldades separaram vocês do seu Deus; os seus pecados esconderam de vocês o rosto dele, e por isso ele não os ouvirá." Pecado é medir forças contra o Deus Todo--Poderoso, chamá-lo para uma disputa na qual, obviamente, não temos a menor chance.

Para experimentar coisas novas do Senhor, é preciso deixar de lado todo o pecado. Isso começa com a confissão, inspirada pelo Espírito Santo, de que nem tudo vai bem. E, neste caso, avivamento rima perfeitamente com arrependimento.

Depois da leitura

No livro *Como ser um Cristão Autêntico,* o pastor Bill Hybels descreve que, depois de um sermão, foi confrontado por um homem, um vendedor, que afirmava não considerar-se um pecador. Eles travaram o seguinte diálogo: "Perguntei-lhe se ele tinha sido absolutamente fiel à esposa. 'Bem, viajo bastante, sabe...' Em seguida perguntei-lhe sobre a sua prestação de contas das despesas. 'Oh, todo mundo força a verdade um pouquinho.' Finalmente, questionei sobre suas técnicas de venda; se ele algum dia exagerara no que dizia sobre o produto? 'Isso é normal na indústria...'

— Bem, você acabou de me dizer que é adúltero, trapaceiro e mentiroso — falei.

— Como se atreve a me chamar dessas coisas horríveis?! Ele ficou espantado com a minha 'descarada insensibilidade'".

Às vezes é difícil reconhecermos os nossos pecados por seus nomes verdadeiros. Agora, coloque-se no lugar do homem dessa história. Tem alguma coisa que você gostaria de confessar a Deus agora, em oração?

5

Caminhadas

Andarei em verdadeira liberdade, pois tenho buscado os teus preceitos (SALMO 119:45).

MARY JONES, FILHA de um pobre casal de tecelões de um vilarejo no País de Gales, não frequentava a escola — já que não havia nenhuma por perto — e vivia sob condições de vida bastante difíceis. A família participava dos cultos em uma igreja próxima a sua casa. A menina, então com nove anos, adorava a igreja e tudo que havia nela, tendo carinho especial por um livro preto que o pastor insistia em citar. Ainda sem saber ler, Mary olhava para aquele livro imaginando que aquelas letras douradas da capa só poderiam significar uma coisa: Bíblia Sagrada!

Naquele mesmo ano Mary Jones teve uma feliz notícia: uma escola seria aberta em sua vizinhança. A menina foi matriculada e o sonho de aprender a ler povoava seu imaginário. Não muito longe, uma senhora ficou sabendo de seu interesse em ler a Bíblia e, após algum tempo, deixou-a treinar a leitura em seu exemplar. As histórias pareciam fascinantes e logo outro desejo tomou conta do coração de Mary: ter sua própria Bíblia. Depois de contar o sonho à sua família, ela começou a trabalhar tricotando, colhendo e vendendo ovos, carregando água para os vizinhos — enfim, fazendo tudo que pudesse a fim de ganhar algumas moedinhas.

O tempo passou e, seis anos mais tarde, ela juntou dinheiro suficiente. Corria então o ano de 1800. Como no vilarejo de Llanfihangel-y-Pennant, onde vivia, não havia quem a vendesse, Mary teve de ir à cidade mais próxima para comprar. A pé, percorreu 40 quilômetros até chegar a Bala, onde procurou o pastor Thomas Charles, o único distribuidor de Bíblias da região. A menina disse ao pastor o que queria e foi surpreendida com a resposta: alguém já havia encomendado a última Bíblia que ele possuía. Em prantos, Mary contou que há seis anos vinha economizando e que havia caminhado muito só para ter sua própria Bíblia. Comovido, Charles vendeu o livro à menina, que voltou exultante para casa. Se fosse só isso, esta já seria uma bela história de devoção e esforço. Mas ela não termina aqui.

Charles, comovido com aquela situação, apresentou o caso de Mary em uma grande reunião de pastores. Sua ideia inicial era que a Bíblia fosse distribuída em quantidade e a um preço acessível em Gales, mas logo aqueles pastores pensaram: por que não no mundo inteiro? Essa é a origem das sociedades bíblicas, um movimento que foi decisivo para a distribuição das Escrituras em escala planetária. Mais de 200 anos se passaram, e hoje existem Bíblias completas em mais de 450 línguas e porções de textos bíblicos em mais de dois mil idiomas. A distribuição anual chega a 25 milhões de unidades.

Toda história só se torna grande quando as pessoas resolvem assumir sua parte. Uma menina aprendeu a ler e com 16 anos andou 40 quilômetros para conseguir sua Bíblia. Um pastor contou essa história a outros, e assim um grande movimento de popularização do acesso a Bíblia teve início.

Você provavelmente já escutou aquele dito segundo o qual toda grande jornada começa com o primeiro passo. O que talvez você não tenha percebido é que há um lugar para você nessa caminhada. Neste livro você encontrará várias histórias inspiradoras, e todas elas começaram por causa de Jesus. O primeiro passo foi dado por Ele, quando levou os seus pecados, morrendo por você na cruz. Mas a caminhada continua. Qual é o seu trecho?

Depois da leitura

A paixão de Mary Jones pela Bíblia poderia ter ficado apenas com ela. Antes de fechar este livro, medite um pouco sobre a atitude do pastor Thomas Charles. Ele percebeu na adolescente uma necessidade que as igrejas não estavam atendendo e resolveu fazer alguma coisa. Há alguma situação parecida diante dos seus olhos agora?

Ore a Deus, pedindo que Ele mostre o que você pode fazer para o crescimento do Reino.

6

O Espírito nas ilhas

E eu pedirei ao Pai, e ele lhes dará outro Conselheiro para estar com vocês para sempre, o Espírito da verdade. O mundo não pode recebê-lo, porque não o vê nem o conhece. Mas vocês o conhecem, pois ele vive com vocês e estará em vocês (JOÃO 14:16,17).

NO CAPÍTULO ANTERIOR você viu que em toda grande história há um personagem que decidiu assumir a sua parte. Você mesmo deve ter assumido a sua parte ao aceitar o desafio de viver o seu dia a dia com Jesus. Se pretender continuar, anime-se! Lembre-se que você não está sozinho! Aqui vai uma história que pode ilustrar bem isso.

Em maio de 2000, as Ilhas Fiji — um arquipélago formado por mais de 300 ilhas no Pacífico Sul que se tornou independente há 40 anos — enfrentavam grandes conflitos internos. Devido a um golpe de estado, o país entrou em convulsão; a violência dominou as ruas, a economia entrou em colapso e o turismo; grande fonte de receita caiu drasticamente. Em meio a essa grande crise, líderes cristãos começaram a se perguntar sobre as razões de tudo aquilo. A única resposta a que chegavam levava-os a culparem-se uns aos outros, agravando a divisão no país. Isso levou o próprio presidente a marcar uma reunião com os líderes cristãos para chamar-lhes a atenção sobre como essa divisão entre eles estava afetando o comportamento da população. Sentindo-se envergonhados, eles se colocaram em oração, pedindo perdão a Deus por sua conduta. As igrejas passaram, então, a orar juntas e a clamar pelo perdão de seus pecados. Passaram a crer que, em unidade, poderiam pedir a Deus que mudasse a história de seu país.

O então presidente, Josefa Loillo (que deixou o cargo em 2009), chegou a declarar que Deus estava transformando a nação. Todos os dias ele também levantava cedo para ter seu tempo de comunhão com Deus e orar pelo restabelecimento da ordem no país. Homens tementes a Deus passaram a ocupar cargos no governo e a população passou a procurar as igrejas atrás do que estava sendo chamando de avivamento.

O texto de 2 Crônicas 7:14 traz uma mensagem de Deus ao rei Salomão que ecoa até hoje em nossas igrejas: "...se o meu povo, que se chama pelo meu nome, se humilhar e orar, buscar a minha face e se afastar dos seus maus caminhos, dos céus o ouvirei, perdoarei o seu pecado e curarei a sua terra". O que aconteceu nas Ilhas Fiji parece ser um claro cumprimento da promessa de Deus expressa nesses versículos.

A grande pergunta é: quem o ajudará, agora que você assumiu sua parte na busca por um avivamento? A resposta é: o Espírito Santo. Jesus, no livro de João (14:16,17) fala mais sobre isso: "E eu pedirei ao Pai, e ele lhes dará outro Conselheiro para estar com vocês para sempre, o Espírito da verdade. O mundo não pode recebê-lo, porque não o vê nem o conhece. Mas vocês o conhecem, pois ele vive com vocês e estará em vocês." A palavra "conselheiro" procura definir a terceira pessoa da trindade, aquele que estará sempre com os seus, aconselhando, orientando e consolando. O Espírito Santo é, portanto, Deus presente no seu dia-a-dia.

Se não fosse pelo Espírito Santo, certamente Fiji ainda estaria mergulhada em profunda crise. Foi Ele quem falou àqueles líderes cristãos apontando suas falhas. Foi Ele quem encheu o presidente de esperança e força, fazendo-o acordar todos os dias de manhã para orar por seu país. É Ele que o tem conduzido nesta leitura até o presente capítulo, quem o convenceu de que é preciso que você passe a viver dia a dia com Deus. Ele estará com você, pra sempre. E à medida que você se humilhar, orar e buscar a Deus, sua oração será ouvida e sua vida será cheia de alegria e contentamento, conduzindo-o ao verdadeiro avivamento.

Depois da leitura

Em João 16:5,16, Jesus explica um pouco mais aos discípulos quem é o Espírito Santo, qual é o seu trabalho e como Ele irá agir. Leia esse trecho e, em seguida, ore pedindo a Deus capacidade para ouvir sempre a voz do Espírito.

7

Uma noite mudou tudo

Orem continuamente (1 TESSALONICENSES 5:17).

O INÍCIO DO SÉCULO 18 ERA uma época de tensão na Europa. Em muitos lugares, ainda havia perseguição contra aqueles que tinham adotado a fé dos reformadores. Na porção Leste do que seria a Alemanha de hoje, entretanto, havia um território livre para todos eles: a localidade de Herrnhut, situada em terras do conde Nikolaus Ludwig von Zinzendorf. Os primeiros colonos começaram a chegar em 1722, depois de receber do conde, promessas de asilo. Vinham, principalmente, da Morávia — por isso o grupo ficou conhecido como "os morávios" e o movimento que surgiu ali passou a ser chamado de "avivamento morávio". Era um grupo bastante desunido com relação às suas convicções religiosas. Havia seguidores de Lutero, de Calvino e do reformador tcheco João Huss. Estavam todos em busca de um lugar tranquilo para viver, mas suas próprias crenças ameaçavam destruí-los. Foram salvos pela oração, em obediência ao que Paulo aconselha em 1 Tessalonicenses 5:17: "Orem continuamente."

Em agosto de 1727, a celebração da ceia trouxe para o grupo uma sensação de comunhão, diferente. Foi o começo de uma série de transformações que mexeria com os morávios e deixaria marcas duradouras na história do Cristianismo. Dias depois, alguns deles resolveram passar uma noite em oração, questionando Deus sobre todas aquelas brigas. O resultado foi o desenvolvimento de uma crescente amizade fraternal, cujo objetivo era procurar e enfatizar os pontos em que concordassem em vez de se digladiarem por pequenas diferenças.

A oração trouxe ao povo um novo tipo de relacionamento com o Espírito Santo. Os morávios entenderam claramente que a oração era a chave para uma fé viva. O movimento alastrou-se e logo as reuniões de oração juntavam multidões. A consciência de que estavam experimentando algo diferente os tocou tanto, que os morávios perceberam que não poderiam ficar quietos. Começaram então a enviar missionários a outras nações para espalhar o evangelho. Nos primeiros 20 anos de sua existência, a igreja morávia sozinha enviou mais missionários que todo o resto da igreja protestante no mesmo período.

E tudo começou — vale a pena repetir — com um pequeno grupo, cansado das constantes brigas, que resolveu passar uma única noite em oração.

Agora que você assumiu a sua parte e sabe que existe alguém que está ao seu lado para ajudar em todos os passos que der, é preciso ser protagonista de suas atitudes. Quando alguém assume uma responsabilidade, sua visão muda e as pessoas ao redor são influenciadas. Foi o que aconteceu em Herrnhut, no século 18. É o que pode acontecer aqui, agora.

▌ Depois da leitura

Os morávios entenderam que não há mudança de comportamento sem intervenção de Deus, e que a oração é o instrumento que Ele usa para abrir caminho para essas intervenções.

Entre eles, a oração era tão importante que havia escalas envolvendo toda a população — a comunidade estava em oração 24 horas por dia, 7 dias por semana, 365 dias por ano.

E você? Tem orado todos os dias?

Notas semana 1

1 Citado por PEREIRA, Josivaldo de França, em *O Padrão Bíblico de Avivamento*.

2 Citado por LAWSON, Steven. *Alerta Final*. Rio de Janeiro: CPAD, 1996, pág.126

3 EDWARDS, J. *Pecadores nas mãos de um Deus irado*. São Paulo: Editora PES.

Semana 2

Descobrindo o prazer de viver o dia-a-dia

Versículo para decorar:

O S*enhor* é a minha força e o meu escudo; nele o meu coração confia, e dele recebo ajuda. Meu coração exulta de alegria, e com o meu cântico lhe darei graças (SALMO 28:7).

8

Aprendendo com um ex-ateu

Não se amoldem ao padrão deste mundo, mas transformem-se pela renovação da sua mente, para que sejam capazes de experimentar e comprovar a boa, agradável e perfeita vontade de Deus (ROMANOS 12:2).

Na história do Cristianismo, C. S. Lewis, considerado um dos maiores pensadores cristãos do século 20, é um bom exemplo de alguém que, enfrentando lutas interiores, alcançou a libertação por meio da oração.

Nascido em 1898 em Belfast, Irlanda do Norte, Lewis, ainda bem jovem e influenciado pelas mitologias pagãs, abandonou a fé cristã que aprendera na infância. Em 1914, começou a estudar lógica, disciplina muito útil para lhe clarear os conceitos. Alistou-se como voluntário e lutou por um ano ao lado do exército britânico na Primeira Guerra Mundial. De volta à Universidade de Oxford, especializou-se em literatura latina e grega, filosofia e história. Desafiado em vários questionamentos nas aulas de filosofia, abdicou do ateísmo em 1929. Em sua autobiografia, ele descreveu esse momento assim: "Cedi, enfim [...] admitindo que Deus é Deus, e ajoelhei-me e orei, talvez naquela noite o mais deprimido e relutante converso da Inglaterra..."

Mais tarde, após um longo diálogo com amigos cristãos devotos sobre as verdades do cristianismo, ele confessou:

"Acabo de converter-me da simples crença em Deus à crença definitiva em Cristo." Impregnado da nova visão, suas palestras e escritos o tornaram conhecido como um homem que defendia a fé pura e simples no Deus Todo-Poderoso e em Cristo Salvador. Suas obras têm sido instrumento valioso na evangelização de ateus e agnósticos.

Modesto em sua vida devocional, ele costumava dizer que preferia viver no meio da montanha — nem muito alto como os místicos, nem lá embaixo. "Não seja dramático em sua vida de oração", dizia.

Orava sempre, paciente e persistentemente, crendo que a submissão à vontade de Deus é mais importante do que fazer grandes façanhas na oração. Gostava de orar ao redor do parque, após dar as aulas na universidade, desfrutando a presença de Deus. C. S. Lewis não era um teólogo profissional nem um eloquente pregador, mas um cristão comum que tentava "pensar com clareza" (palavras dele próprio). Sua vida de oração e estudo da Bíblia o levou a ser um defensor do Cristianismo, não de uma igreja em particular, demonstrando a superioridade da fé sobre quaisquer outros conceitos.

Como cada um de nós, C. S. Lewis teve também seus erros e defeitos. Mas o que se admira nele é essa busca sincera da verdade, em oração e estudo, e a influência que suas obras exerceram e continuam exercendo na evangelização e na confirmação da fé cristã.

A experiência de C. S. Lewis mostra que oração e o avivamento não são resultado de uma entrega emocional a Deus. Deus nos criou de forma integral; — emoções, raciocínio, força física — e é assim que o ser humano deve se apresentar a Ele. Depois de despertar para Deus, o professor dedicou o que sabia fazer melhor à obra de Deus. Ele pensou, ensinou e escreveu. Mesmo suas obras de ficção, como *As Crônicas de Nárnia,* estão repletas de conceitos cristãos.

■ Depois da leitura

A oração foi o ponto de partida de C. S. Lewis. Depois de ter aceitado sua condição de pecador, ele passou a trabalhar para transformar a vida de outras pessoas por meio do conhecimento de Deus.

De que forma você vai colaborar com a obra de Deus?

9

Alegria, fé e música

Mudaste o meu pranto em dança, a minha veste de lamento em veste de alegria (SALMO 30:11).

"Mudaste o meu pranto em dança, a minha veste de lamento em veste de alegria."Assim diz o Salmo 30:11. Você acredita que Deus pode transformar esse texto em verdade? Se você acha que não, leia com cuidado a história abaixo, ela pode fazer você mudar de opinião. E se você concorda, leia também, para se inspirar.

Fanny Jane Crosby nasceu na cidadezinha de Putnam, no estado americano de Nova Iorque, em 1820. A tragédia de sua vida ocorreria cedo: quando tinha seis semanas de idade, um tratamento indevido contra uma infecção ocular a cegou. Ela podia apenas perceber luzes muito brilhantes. Seu pai morreu no mesmo ano e sua mãe teve de trabalhar numa fazenda vizinha. Por isso, Fanny ficou desde pequena aos cuidados de sua avó, que decidiu se dedicar de corpo e alma ao bem-estar da neta. A avó lhe descrevia tudo, como se fosse a visão de seus próprios olhos, tornando os pássaros, as flores, o sol e outras maravilhas da natureza, familiares à menina.

Como sua família era cristã, Fanny também aprendeu desde cedo a decorar a Palavra de Deus, orar, ir à igreja e cantar. Contou mais tarde que, nesse tempo, ouviu a voz de

Deus a dizer-lhe: "Não se desanime, menina. Um dia você será muito feliz e operosa, mesmo na cegueira." Nessa mesma época, Fanny compôs um poema sobre a alegria que tinha em sua vida com Deus. Quando tinha 15 anos, entrou no Instituto para Cegos, em Nova Iorque, e desenvolveu ainda mais a arte da poesia e da música. Além de tocar violão e cantar, tornou-se concertista de piano e aprendeu órgão e harpa. Aos 30 anos, entregou sua vida definitivamente a Jesus Cristo.

Muitas pessoas começaram a procurá-la para escrever letras para músicas de vários musicistas. Embora fosse uma mulher pequena e com todas as razões para ser triste e ter ares de derrotada, ela tinha uma energia e alegria que pareciam sem limites. Casou-se com Alexandre Van Alstyne, um músico que também era cego. Mulher de oração e fé, Fanny nunca escreveu um hino sem ter antes orado.

Fanny viveu uma vida de alegria e de satisfação com o Senhor. Escreveu mais de nove mil hinos cristãos, entre eles: *Segurança* (CC.375) e *Exultação* (CC.15), cantados pelos crentes em todo o mundo até o dia de hoje e amados pelos brasileiros. Seus hinos foram usados em grandes movimentos de avivamento espiritual na Inglaterra, com D. L. Moody, e nas campanhas evangelísticas de Billy Graham.

Quando vivemos a fé em Jesus, desfrutamos de uma alegria que jamais acaba, uma vida cheia de satisfação. Isso porque as alegrias do cotidiano não podem se comparar à certeza do perdão de Deus, da salvação em Jesus, da vida eterna que é prometida a todos os que creem no Filho de Deus. O Salmo 31:7 exemplifica bem o testemunho da vida de Fanny Crosby: "Exultarei com grande alegria por teu amor, pois viste a minha aflição e conheceste a angústia da minha alma."

A vida pode trazer suas surpresas duras e difíceis, mas se uma pessoa como Fanny foi alegre, você também pode ter a alegria duradoura. Coloque sua fé e esperança em Jesus. Creia que Ele o fará feliz a cada dia. Agora, você também pode ter atitudes de fé que o ajudem a ter dias de alegria. Por exemplo, você pode cantar uma música de louvor a Deus hoje. Que tal começar agora?

▇ Depois da leitura

Uma das características das igrejas protestantes é a importância da música nos cultos. Cremos que o louvor a Deus é a razão de termos sido criados, e por isso não nos esquecemos de cantar para Ele em nossos encontros. Você já pensou em incluir o louvor naquele momento que passa a sós com Deus, orando e lendo a Palavra?

10

Apaixonado

Bem-aventurados os que têm fome e sede de justiça, pois serão satisfeitos (MATEUS 5:6).

O ESCOCÊS DAVID LIVINGSTONE foi um dos personagens mais impressionantes do século 19. Foi cientista, explorador e evangelista. Viveu aventuras movidas sempre por uma paixão: o desejo de obedecer a Deus.

Lá pelos seus 20 anos, David ficou muito impressionado ao ouvir o que o missionário Robert Moffat contava a respeito da África e das muitas tribos que nunca haviam ouvido sobre o evangelho de Jesus. Assim, abandonou sua ideia inicial de ir à China e decidiu ir à África, despedindo-se de seus pais e crendo que não iria mais vê-los.

Seu amor por Jesus e pelos africanos fazia com que desafiasse os perigos de um continente até então desconhecido. Não havia mapas detalhados sobre os rios e sobre o interior africano. O objetivo de Livingstone era ir aos povos não alcançados pelo evangelho e descobrir e mapear caminhos para que outros missionários pudessem se estabelecer lá também.

Enfrentou duras resistências dos mercadores de escravos e também de tribos que não acreditavam haver um homem branco que quisesse realmente conviver com eles a fim de ajudá-los. Certa vez saiu para socorrer um grupo de nativos cujo gado estava sendo atacado por um leão. O animal estava bem perto dele e saltou em sua direção bem no momento em que David atirava nele. Ambos caíram ao chão — o missionário ferido, o leão morto. As marcas dos dentes do animal ficaram em seu ombro, que nunca se recuperou totalmente. Contraiu febre amarela 31 vezes num período de apenas sete meses. Ainda assim, permaneceu apaixonado por sua missão. Pregava às tribos e algumas vezes a multidão de ouvintes chegava a quase mil pessoas.

Livingstone casou-se com a filha do missionário Moffat e tiveram seis filhos. Voltou à Inglaterra por duas vezes, mas mesmo recebendo honras e pedidos para que ficasse, retornou à África sem deixar que sua paixão esfriasse. Descobriu e mapeou vários rios e foi o primeiro homem branco a percorrer a África de Norte a Sul, ida e volta. Sua vida chegou ao fim quando intentou descobrir a nascente do rio Nilo. Estava viajando quando começou a fraquejar e adoeceu. Morreu orando, ajoelhado à beira da cama.

Sua vida e dedicação foram tão apaixonadas que seus companheiros de viagem enterraram seu coração em solo africano, aos pés de uma árvore, na atual Zâmbia. Seu corpo foi levado à Inglaterra e sepultado na abadia de Westminster, lugar reservado a reis e heróis do Reino Unido, Em seu epitáfio está escrito: "Por 30 anos, sua vida foi dedicada a um esforço incansável para evangelizar as raças nativas, explorar segredos por descobrir, para abolir o devastador tráfico negreiro da África Central".

Muitas pessoas apenas sobrevivem, quando poderiam viver apaixonadamente, aproveitando ao máximo cada oportunidade. Alegrar-se com um novo dia, com a natureza que Deus criou, influenciar positivamente as pessoas, fazer algo que possa ser usado por Deus para o bem dos que estão à sua volta e até arriscar-se. Afinal, os desafios e dificuldades podem levar às grandes conquistas.

David Livingstone foi uma dessas pessoas apaixonadas. Viver com Jesus em um relacionamento diário é viver intensamente. Precisa-se de novos Livingstones para este tempo! Necessita-se desesperadamente de pessoas apaixonadas por Cristo e pela sua Palavra! Somente assim um avivamento virá sobre esta nação!

Jesus disse em Mateus 5:6: "Bem-aventurados os que têm fome e sede de justiça, pois serão satisfeitos". David Livingstone com certeza teve uma tremenda fome e sede da vontade de Deus, pois foi saciado na mesma proporção! E você? Qual o tamanho da sua fome? Qual o tamanho da sua paixão?

■ Depois da leitura

Para mostrar sua paixão por Jesus, você não precisa viver grandes aventuras como fez Livingstone. Você pode demonstrá-la ao seu vizinho de mesa, no trabalho, por exemplo. Que tal traçar uma estratégia? Anote abaixo o que você pretende fazer.

11

Amor e indignação

Respondeu Jesus: "'Ame o Senhor, o seu Deus de todo o seu coração, de toda a sua alma e de todo o seu entendimento'. Este é o primeiro e maior mandamento. E o segundo é semelhante a ele: 'Ame o seu próximo como a si mesmo'…" (MATEUS 22:37-39).

Às vezes, como acontecia com David Livingstone, o que leva a um despertamento espiritual é a paixão por Deus. Às vezes, como no caso de Corrie ten Boom, é uma indignação que supera o medo e as dificuldades. Uma indignação que é fruto do amor.

Corrie era holandesa, filha de um relojoeiro da cidade de Haarlem. Aprendeu o ofício com o pai e tornou-se a primeira mulher relojoeira do país. Ela era também uma pessoa envolvida com Deus e com sua comunidade, exercendo diversas atividades em sua igreja. Era o início da Segunda Guerra Mundial, e a pacífica Holanda não seria poupada dos horrores do nazismo. Em determinada noite, ela e sua irmã, Betsie, não conseguiam dormir e se levantaram para tomar água. Ouviram então, uma explosão próxima e, quando retornaram, viram que os estilhaços de uma bomba haviam atingido a cama de Corrie. "Deus deve ter salvado a sua vida por algum motivo", foi o que disse Betsie.

Com a ocupação nazista, coisas estranhas começaram a ocorrer. Oficiais alemães identificavam os judeus colocando estrelas nas suas roupas, e levavam-nos para a prisão. Corrie, seu pai e seus irmãos viram famílias inteiras sendo presas e, de alguma forma, sabiam que elas não voltariam. A família ten Boom começou, então, a orar com fervor para que Deus preservasse a vida dos judeus. E passaram da oração para a ação.

Começaram fazendo planos para receber as pessoas. Com a ajuda de membros da resistência holandesa, criaram um compartimento secreto junto do quarto de Corrie, onde seis ou sete pessoas podiam se esconder em caso de batida policial. Instalaram uma campainha no andar de cima da casa para alertar os hóspedes. Aos poucos, começaram a receber pessoas batendo à sua porta e pedindo refúgio. Um dos grandes problemas era a comida, mas Deus também providenciou para eles vários cartões de racionamento, por meio de um amigo da família. Assim, do início de 1942 até o início de 1944, evitaram a prisão de pelo menos 800 judeus e de um grande número de colaboradores da resistência.

Em fevereiro de 1944, foram denunciados e presos pelos nazistas. No dia da sua prisão, havia quatro judeus e dois membros da resistência no quarto secreto. Nenhum deles foi descoberto pelos nazistas, e eles foram resgatados dois dias mais tarde.

Seu pai morreu dez dias após ser preso. Corrie e sua irmã Betsie passaram por todo o tipo de atrocidades no campo de concentração de Ravensbrück, na Alemanha. Mesmo lá elas faziam grupos de ensino bíblico e oração. Em setembro de 1944, Betsie adoeceu e morreu na prisão. Corrie foi solta no

Natal de 1944 e tempos depois se descobriu que a sua soltura havia sido o resultado de um erro burocrático, pois as prisioneiras de sua idade foram todas mortas na semana que se seguiu.

Passados alguns anos, Corrie falava em uma igreja quando um homem, que havia sido guarda em Ravensbrück veio até ela e disse: "Não é maravilhoso saber que Jesus lavou os meus pecados?" Corrie ficou pensando se ele era um dos que a havia feito desfilar nua, ou se tinha zombado de sua irmã quando esta havia adoecido. Mas orou, pedindo a Deus que a ajudasse a perdoar e a amar todas as pessoas. Então estendeu a mão e cumprimentou o homem.

Muitas dessas histórias estão contadas na autobiografia de Corrie, intitulada *O Refúgio Secreto*, que virou filme em 1975. Você pode ler o livro ou ver o filme, e ficar admirado com o sacrifício que ela e outras pessoas fizeram por gente que, na maior parte das vezes, nem conheciam. A resposta está no amor — um amor que faz surgir um desconforto na alma, e este se torna tão intenso que desperta a vontade de agir para que a perversidade não vença.

Perguntado sobre qual era o principal mandamento, Jesus respondeu: "Ame o Senhor, o seu Deus de todo o seu coração, de toda a sua alma e de todo o seu entendimento. Este é o primeiro e maior mandamento. E o segundo é semelhante a ele: 'Ame o seu próximo como a si mesmo'..." (Mateus 22:37-39). Corrie ten Boom amou as pessoas, independentemente dos jeitos, culturas e cores diferentes das que passaram pela sua casa. Você precisa estar disposto a amar também!

▌ Depois da leitura

O individualismo dos dias atuais está roubando o prazer de ter e fazer amigos. Se você quer viver dias de avivamento espiritual, separe tempo para estar com pessoas. Esta semana, você pode começar fazendo algo especial em família ou com amigos. Por meio da amizade, o amor de Deus que está em você será percebido pelos outros. Vá em frente!

12

Click!

...Eu lhes asseguro que se vocês tiverem fé do tamanho de um grão de mostarda, poderão dizer a este monte: "Vá daqui para lá", e ele irá. Nada lhes será impossível (MATEUS 17:20).

Nos grandes avivamentos da história da igreja o poder de Deus se fez presente de diversas maneiras, evidenciando que curas, milagres e maravilhas estão à disposição daqueles que creem. Mas será que milagres e maravilhas também são para os dias de hoje? Deus ainda opera da mesma maneira?

Jesus certa vez disse aos Seus discípulos: "...Eu lhes asseguro que se vocês tiverem fé do tamanho de um grão de mostarda, poderão dizer a este monte: 'Vá daqui para lá', e ele irá. Nada lhes será impossível" (Mateus 17:20). Hoje Jesus talvez pudesse dizer que, se alguém tiver fé tão simples como um botão de luz, pode realizar qualquer coisa!

Um botão — um interruptor ou ainda um disjuntor, o que você preferir — não precisa saber como uma geladeira ou uma televisão funcionam, nem mesmo como a energia elétrica acende uma lâmpada. Sua única função é permitir que a eletricidade flua da fonte externa de energia até o aparelho. Ter fé simples como um botão de luz é entender que sua única função é ser o elo entre Deus, que é a fonte de todo poder e milagre, e as necessidades ao seu redor. O interruptor não tem poder para produzir calor como um aquecedor elétrico, nem mesmo de refrigerar como uma geladeira, mas mesmo assim pode fazer todas estas coisas caso seja acionado!

Um passo importante para o avivamento é estar consciente de que cada cristão é um interruptor espiritual nas mãos do Senhor. A qualquer momento Ele pode pedir o seu acionamento e, assim, você se torna o condutor de curas e milagres na vida de pessoas que necessitam do poder sobrenatural do Senhor! Não é preciso entender o milagre; basta "conduzi-lo" pela fé em Jesus Cristo!

Foi esse tipo de fé que levou o profeta Elias a orar pela ressurreição de um menino, sem que nunca antes houvesse ouvido falar de ressurreição[1]. O mesmo tipo de fé que os apóstolos Pedro e João tiveram ao curar um coxo na entrada do templo[2]. É essa mesma fé que até hoje continua a realizar milagres!

O pastor sul coreano David Yonggi Cho conta em um de seus livros[3] a respeito da tremenda experiência que teve ao receber de Deus a convicção de que deveria orar pela cura de uma mulher paralítica de sua vizinhança, que já havia inclusive procurado ajuda em várias feiticeiras da região. Ao entender a direção do Senhor, decidiu orar pela jovem senhora o tempo que fosse necessário até receber a resposta. Com uma mulher de sua igreja, ele orou por dias pela senhora, da mesma forma que Jesus fazia e como a epístola de Tiago ensina (5:14-18). No final, eles contemplaram a sublime e extraordinária experiência de testemunhar um milagre. A mulher não apenas andou como um grande avivamento se iniciou na região. Avivamento que até os dias de hoje toma conta da Coreia do Sul.

Você também pode ser usado pelo Senhor para acender um avivamento em sua comunidade. Creia no poder sobrenatural de Deus e escolha andar pela fé. Decida ser a resposta de Cristo para problemas de homens e mulheres ao seu redor! Viva uma fé simples, como um interruptor de luz!

■ Depois da leitura

A história do pastor Cho ensina o papel da intercessão. Perceba que há mais de um aspecto nesse caso: o fato de o pastor e outros crentes dedicarem dias e noites a orar por alguém, para a comunidade significa também, que estas pessoas se importam com o que lhes acontece. Também mostra que Deus se importa, e que Ele pode agir por meio daqueles que o invocam.

Não é de estranhar que a cura daquela senhora tenha provocado tamanha reação na comunidade. Você quer participar de algo assim? Quer testemunhar o poder de Deus para curar vidas? Então se comprometa a orar com alguém esta semana.

Ah! Não basta falar. É preciso cumprir.

13

O que veio antes?

Que as palavras da minha boca e a meditação do meu coração sejam agradáveis a ti, SENHOR, minha Rocha e meu Resgatador! (SALMO 19:14).

Que Deus é um artista, não há dúvidas, pois somos alvo de sua arte na natureza todos os dias! Ficamos extasiados pela pintura do céu avermelhado ao pôr-do-sol, assim como pelo melodioso som do vento sussurrando sobre as copas das árvores. Deus faz poesia com o canto dos pássaros e revela a Sua glória na imensidão dos céus.

Se Deus faz uso de tanto sentimento e emoção para se revelar às Suas criaturas, então demonstrar emoção e sentimentos a Ele também deve agradá-lo.

Davi escreve no Salmo 19 sobre a manifestação da grandeza do Senhor em vários detalhes da natureza. Ao fazer isto, exalta e louva o Criador pelas Suas infinitas qualidades e perfeita justiça. Faz isso não porque deseja algo em troca, mas simplesmente porque sente prazer em adorar a Deus.

Davi descobriu que a única forma de ter uma vida abundante é vivê-la em genuína e sincera adoração ao Senhor. "Deleite-se no SENHOR...", ele diz, no Salmo 37:4, "...e ele atenderá os desejos do seu coração." Deus se agrada daqueles que se deleitam na Sua presença, demonstrando gratidão e louvor por meio da arte e também das ações corriqueiras e simples do dia-a-dia.

Todos os grandes avivamentos formaram grandes adoradores. Ou será que foram os grandes adoradores que geraram os grandes avivamentos? O que veio antes?

Poemas impressionantes de adoração foram escritos pelos morávios. Martinho Lutero escreveu músicas profundas que enalteciam a majestade e a fidelidade do Senhor. Charles Wesley, irmão do grande pregador John Wesley, compôs dezenas de canções de louvor e exaltação ao nome de Jesus.

Esses homens dedicaram cada detalhe de suas vidas à adoração e encontraram nela não apenas uma razão de viver, mas também a alegria transcendental de adorar aquele que pagou todos os pecados e culpas com o próprio sangue. No fim de tudo, o que importa na adoração é esse sentimento de gratidão a Cristo, assim como o desejo de sentir mais a presença do Espírito Santo.

Certa vez perguntaram a John Wesley o que ele fazia para atrair multidões. Sua resposta foi direta: "Eu me coloco em chamas, e o povo vem para me ver queimar."

Nada produz mais chamas que a adoração genuína a Deus. Por isso o coração de um adorador permanece em constante combustão na presença gloriosa do Criador. Acenda a chama do avivamento em sua vida. Acenda-a tornando-se um verdadeiro adorador. Experimente a profundidade, o deleite e o prazer de se andar dia a dia na presença do Rei dos reis, e faça coro com outros adoradores da história dos avivamentos.

Depois da leitura

Para os cristãos, música não deveria ser só música. Muito menos música de adoração — pode chamar de *gospel*, se quiser. Você já pensou sobre isso? A música cristã que você ouve no rádio do carro ou dentro de casa é realmente para adorar a Deus ou apenas para preencher o tempo?

Se você estiver ouvindo e pensando em outras coisas, ficará difícil discernir a voz do Espírito Santo. Da próxima vez que ouvir ou cantarolar músicas que falem de Deus, tente fazê-lo prestando atenção no que diz, em atitude de oração.

Quem sabe alguma delas trará um recado direto para você?

14

Ler não basta

Portanto, quem ouve estas minhas palavras e as pratica é como um homem prudente que construiu a sua casa sobre a rocha. Caiu a chuva, transbordaram os rios, sopraram os ventos e deram contra aquela casa, e ela não caiu, porque tinha seus alicerces na rocha (MATEUS 7:24,25).

NENHUM AVIVAMENTO acontece simplesmente por se estudar os seus princípios. É preciso decidir praticar a vontade de Deus com o fim de honrá-lo, e somente então o avivamento acontecerá!

Você pode ler diversos livros sobre oração, mas enquanto não dobrar os joelhos e começar a orar dia a dia com Deus, não conhecerá o poder que ela tem. Pode inclusive saber de cor todas as histórias da Bíblia, mas enquanto não colocar em prática os valores presentes na Palavra de Deus, não saberá o que a oração pode fazer em sua vida.

Evan Roberts, um jovem pregador que deu início ao grande avivamento galês do início do século passado, entendeu muito bem que o movimento só ocorre quando se decide viver diariamente os valores de Deus.

O avivamento, que levaria mais de 100 mil pessoas a Cristo, começou em 1904, mas suas raízes surgiram bem antes. A partir de 1891, Roberts — então um adolescente de 13 anos

— começou a orar diariamente para que o Espírito Santo o enchesse e se derramasse sobre o País de Gales. Ele não ficou apenas no estudo e leitura. Por mais de uma década participou diariamente de cada reunião de oração de que ouvia falar.

Com 26 anos de idade começou a pregar a respeito da prática de quatro valores da Palavra de Deus. O primeiro era a confissão aberta de qualquer pecado não confessado.

A segunda prática era o abandono de qualquer costume duvidoso. Você tem dúvidas de que algo que faz é certo e agrada a Deus? Abandone imediatamente, essa era a regra! Não permita que algo questionável o tire da presença do Senhor.

A terceira era a aceitação e imediata obediência a qualquer ordem dada pelo Espírito Santo. Questionar a voz de Deus ou as Suas intenções é o que mais impede o cristão de crescer na presença do Senhor.

A quarta e última prática diária era o testemunho. Falar de Cristo em qualquer lugar — na padaria, no trabalho, no colégio ou na faculdade —, sempre contando o que Ele fez em você.

Esses quatro princípios nortearam o movimento, mudando cidades inteiras e transformando vidas. Princípios que nada mais são do que ensinamentos bíblicos. Em Mateus 7:24-27, Jesus faz distinção entre as pessoas que praticam a Palavra e aqueles que apenas escutam:

"Portanto, quem ouve estas minhas palavras e as pratica é como um homem prudente que construiu a sua casa sobre a rocha. Caiu a chuva, transbordaram os rios, sopraram os ventos e deram contra aquela casa, e ela não caiu, porque tinha seus alicerces na rocha. Mas quem ouve estas minhas palavras e não as pratica é como um insensato que construiu a sua casa sobre a areia. Caiu a chuva, transbordaram os rios, sopraram os ventos e deram contra aquela casa, e ela caiu. E foi grande a sua queda."

Evan Roberts sequer tinha formação teológica, mas mesmo assim foi o grande ícone do avivamento no país de Gales porque pôs a Palavra em prática. E você? Será que não está na hora de mergulhar de cabeça num relacionamento radical e verdadeiro com Jesus, fazendo a Sua vontade em cada dia?

Depois da leitura

Que tal colocar em prática os quatro princípios de Evan Roberts? Anote abaixo que momento do seu dia você dedicará à oração; quais são os hábitos questionáveis que você pretende abandonar; quais são as ordens do Espírito Santo que você já conhece e vai obedecer; e faça uma lista com o nome das pessoas a quem você testemunhará de Cristo.

Notas semana 2
[1] 1 Reis 17:21
[2] Atos 3:6
[3] *O Milagre da Igreja em Células*. São Paulo: Vida, 2008, pp.23-26.

Semana 3

Adotando uma nova postura de vida no dia-a-dia

Versículo para decorar:

O temor do Senhor é o princípio da sabedoria; todos os que cumprem os seus preceitos revelam bom senso. Ele será louvado para sempre! (SALMO 111:10).

15

Radical

Portanto, irmãos, rogo-lhes pelas misericórdias de Deus que se ofereçam em sacrifício vivo, santo e agradável a Deus; este é o culto racional de vocês
(ROMANOS 12:1).

VOCÊ ESTÁ DISPOSTO A SE reconciliar com Deus, e inclui hábitos como oração e adoração no seu cotidiano. São atitudes significativas, mas ainda não traduzem totalmente a transformação de vida de quem passa o dia-a-dia com Deus. Quando Deus está presente, tudo muda.

Por isso, avivamentos acontecem apenas quando homens e mulheres aceitam o desafio de viver uma vida totalmente entregue em obediência a Deus. São pessoas comuns, com problemas comuns, que se veem sob o dilema de obedecer a Deus nas pequenas coisas. E corajosamente, se lançam ao projeto divino, sem se preocupar com as perdas e sofrimentos que muitas vezes serão necessários no caminho.

Falar a verdade e ser transparente no dia-a-dia, fazer da ética cristã o pilar dos relacionamentos, amar as pessoas com palavras, ações e até com os seus recursos financeiros, são escolhas simples, que se tornam parte de seu culto cotidiano a Deus. Da mesma maneira que os sacerdotes do Antigo Testamento precisavam oferecer sacrifícios diários e manter acesa a chama da presença divina no interior do templo, o cristão de hoje deve se oferecer diariamente como sacrifício vivo a Cristo.

Para entender melhor o que isso significa, vamos dar uma olhada na trajetória de Dwight L. Moody, pregador e homem de negócios que foi um destes cristãos autênticos. Nascido numa comunidade rural dos Estados Unidos em meados do século 19, ele foi tentar a vida nas cidades grandes, primeiro em Boston e depois na conturbada e crescente Chicago.

A ganância fez parte da vida de Moody por alguns anos, e ele enriqueceu rapidamente. Após ter um encontro pessoal e verdadeiro com Cristo, e ver as multidões sem rumo nas metrópoles, decidiu abrir mão de tudo. Suas atitudes diárias começaram a refletir as ações de um homem que havia colocado a vontade de Deus acima da sua.

Moody buscou alimentar e educar crianças das ruas de Chicago, iniciou um grande movimento de escolas bíblicas na região e foi voluntário em muitos momentos críticos da Guerra Civil. Anos mais tarde, sentiu-se chamado a pregar o evangelho no velho mundo. Ao atravessar o oceano em direção ao Reino Unido, mal sabia que em alguns anos estaria vivendo o auge de um grande avivamento, levando à conversão de milhares de pessoas. Elas eram convencidas por sua mensagem simples de uma entrega completa e sem receios a Jesus.

A vida de Moody testemunhava isso. Não era incomum vê-lo pedindo perdão às pessoas pelos seus erros — afinal, era pecador como qualquer outro. Até mesmo aos seus filhos pequenos pedia que o perdoassem vez ou outra. Sofreu perseguição em muitos momentos de sua vida, ora por parte dos céticos, ora por religiosos, mas nunca deixou de ser amável e atencioso.

Talvez você não tenha sido chamado a largar tudo e se tornar um pregador como Moody, mas com certeza foi chamado para se tornar um cristão radical, que vive a verdade do evangelho nas coisas simples do dia-a-dia.

Dispostos a viver sinceridade e verdade, ética cristã e serviço ao próximo no dia-a-dia. Assim são homens e mulheres totalmente comprometidos com Deus, que viverão um avivamento em cada dia de suas vidas, sem se importar com os sacrifícios que precisarão fazer. Se você é uma dessas pessoas, então o avivamento começa agora!

▍ Depois da leitura

Moody não havia planejado tornar-se peça central de um avivamento. Ele simplesmente assumiu as responsabilidades que entendeu terem sido dadas por Deus.

Você sabe quais são as suas?

16

Jogando o lixo fora

Pois se perdoarem as ofensas uns dos outros, o Pai celestial também lhes perdoará. Mas se não perdoarem uns aos outros, o Pai celestial não lhes perdoará as ofensas (MATEUS 6:14,15).

HUMILHAÇÃO, MÁGOA E traição. É difícil esquecer sentimentos como esses, não? O ódio permanece, e pela mente passam ideias de vingança. Você já se sentiu assim? O que você fez? Orou e pediu a Deus que o ajudasse, entregou a situação nas mãos do Senhor, mas continuou amargurado pela humilhação sofrida? Ou simplesmente ignorou seu algoz, matando-o em seu coração? Colocou seus momentos de dor, de medo, de dúvida embaixo do tapete e continuou sua vida como se nada tivesse acontecido?

Essas são armadilhas muito fáceis de cair. Perdoar significa abrir mão de um direito, o direito à reparação. É assumir a conta de um prejuízo que nunca será ressarcido. Pessoas que não perdoam se tornam amargas e amargam qualquer ambiente em que estejam. Pessoas assim são difíceis de agradar, estão sempre reclamando. Nada está bom, por melhor que se faça.

Isso é triste, pois essas pessoas foram feridas e as marcas que trazem em si são consequências da injustiça de outras pessoas.

Ao deixar que a injustiça dos outros determine o seu futuro e os seus relacionamentos, elas estão criando um problema maior ainda.

Em novembro de 1942, a missão Novas Tribos enviou uma equipe para evangelizar tribos ayorés na Bolívia. Cinco missionários e suas famílias entraram nessa missão e em junho de 1943 aproximaram-se da região. Cecil e Bob Dye, que eram irmãos, e outros três companheiros, deixaram o acampamento e entraram na mata com a seguinte instrução: "se não tiverem notícias nossas dentro de um mês, podem sair para nos procurar". Para eles, qualquer esforço ou perigo seriam justificáveis se ao menos um ayoré ouvisse sobre o amor de Cristo.

Passou-se um mês e o pessoal de apoio foi em busca do grupo. Apenas os seus pertences foram encontrados, junto a um acampamento abandonado pela tribo ayoré, e ficou claro que eles haviam sido mortos. Conta a história que as esposas dos falecidos e outros missionários permaneceram tentando contato com os ayorés até que eles depuseram as armas e conheceram a mensagem do evangelho. Elas tiveram de decidir se voltariam para sua antiga vida, amarguradas, ou se perdoavam e permaneciam servindo a Deus e aquelas pessoas. Liberar perdão não é fácil, mas é a resposta para ser feliz e livre das dores.

Guardar rancores no coração é como deixar que a podridão ocupe espaço em nossa vida. Todas as casas produzem lixo, e por isso, periodicamente, você precisa coletar os sacos das lixeiras e levar até a rua. O pecado é como esse lixo. O arrependimento e o perdão são as maneiras corretas de jogar o lixo fora.

Jesus deu uma razão bem prática para você se apressar em fazer a limpeza. Ele disse: "Pois se perdoarem as ofensas uns dos outros, o Pai celestial também lhes perdoará. Mas se não perdoarem uns aos outros, o Pai celestial não lhes perdoará as ofensas." (Mateus 6:14,15)

Na próxima vez que estiver sofrendo por ter sido ofendido por alguém, lembre-se que os seus pecados também ofendem a Deus. Mesmo assim, Ele enviou Seu filho para sofrer por você e perdoar seus pecados. Graças a Ele, você pode ter a alegria de dizer que teve uma segunda chance.

Você também tem a obrigação de dar uma nova chance a quem o ofendeu.

Depois da leitura

Releia os versículos de Mateus 6:14,15, citados acima. O que você entendeu deles? Você percebe que há uma relação de reciprocidade? Que o perdão de Deus aos homens e o perdão dos homens uns aos outros fazem parte do mesmo "pacote", e que sem reconciliar-se com eles você não pode ter plena comunhão com o Pai?

A quem você precisa oferecer a segunda chance?

17

Onde estão os canibais?

Se alguém o forçar a caminhar com ele uma milha, vá com ele duas (MATEUS 5:41).

COMPAIXÃO E PERSISTÊNCIA são características de uma pessoa transformada por Deus. Normalmente não são marcas que surgem sozinhas — ao contrário, devem ser cultivadas, algo que costuma ser bem difícil.

Reflita sobre a vida de John Paton, por exemplo. Nascido numa família cristã, ele acostumou-se a trabalhar duro desde cedo e assimilou os costumes devocionais de seu pai, que mantinha em casa um "quarto de oração". A certa altura da vida, já como missionário, ele convivia com aborígenes que andavam nus e praticavam o canibalismo. Nada poderia ser mais diferente. Mas Paton foi chamado por Deus para atuar num lugar onde bem poucos estariam dispostos a ir. Enquanto estudava em Glasgow, Escócia, o Espírito Santo direcionou sua atenção às Novas Hébridas, no Pacífico Sul (atualmente, o arquipélago faz parte de Vanuatu, um dos muitos países insulares da região). Em 1858, quando anunciou em sua igreja que pretendia ir para esse local, todos se opuseram. Uma pessoa chegou a prever que ele seria devorado pelos antropófagos, como ocorrera com os dois últimos missionários que haviam sido enviados até lá. Em meio à tanta oposição, Paton escreveu a seus pais para relatar-lhes seus planos. A resposta deles o deixou ainda mais atônito: descobriu que seus pais o dedicaram para essa missão no dia do seu nascimento.

Sob as bênçãos de seu pai, ele iniciou sua jornada até as ilhas, um trajeto de mais de 15 mil quilômetros, num barco a vela. Já no fim da viagem, o mastro do navio quebrou-se. Paton e seus companheiros ficaram à mercê das ondas, que lentamente o levaram para perto de uma das ilhas. Sua primeira impressão foi de medo, mas de compaixão também. Ele perguntou a si mesmo se era possível que aquelas pessoas entendessem a mensagem da salvação. Os nativos seguiam superstições diversas e sua crueldade, segundo relatou, era extremamente visível. Além disso, o ambiente era ameaçador — logo nos primeiros meses, ele perdeu a esposa e o filho recém-nascido, mortos por doenças tropicais que ele desconhecia.

Paton decidiu fazer o melhor que pudesse pelos nativos, independentemente de seus hábitos ou atitudes. Anos mais tarde era possível ver o resultado dos seus trabalhos: templos foram fundados, parte das Escrituras foi traduzida para alguns idiomas das ilhas e pessoas se reuniam para adorar a Deus. Numa das ilhas, Aniwa, Paton foi desafiado pela população a cavar um poço de água potável, algo inédito na região. Mas conseguiu, como resposta de Deus às suas orações.

A história de Paton e o avivamento das Novas Hébridas revelam um princípio que deve nortear a vida de todo cristão: amar e suportar as pessoas, mesmo que o sentimento não seja recíproco. Mateus 5:41 diz: "Se alguém o forçar a caminhar com ele uma milha, vá com ele duas."

Caminhar a segunda milha significa escolher conscientemente amar as pessoas apesar delas mesmas. Isso é complicado quando sabemos que a sociedade impõe outros padrões, quase sempre egoístas. Abrir mão de suas necessidades em favor de outro custa muito e exige um esforço consciente e racional na direção de um propósito maior, que é aprender a amar incondicionalmente, aceitando o outro como ele é.

▪ Depois da leitura

Nas Novas Hébridas, Paton enfrentou canibais, que se mostraram agressivos e violentos. Nas cidades modernas não há canibais, mas as pessoas muitas vezes são agressivas, violentas e selvagens. Pense nas regiões degradadas de cidades como Curitiba ou São Paulo. Que diferenças ou semelhanças você vê entre as pessoas que vivem nas ruas da Cracolândia e os nativos das Novas Hébridas?

O que você pode fazer por essas pessoas?

18

Fogueira, nunca mais

Assim também a fé, por si só, se não for acompanhada de obras, está morta (TIAGO 2:17).

Deus deu a William Carey uma capacidade impressionante para a linguagem. Ele aprendia idiomas com grande facilidade. Você acha que foi isso que fez dele o "pai das missões modernas", como é chamado hoje em dia? Não. Claro, tudo isso contribuiu e facilitou seu trabalho no campo missionário. Mas o que o tornou uma figura importante na história do Cristianismo foi o seu esforço para transformar uma sociedade por meio de valores retirados da Palavra de Deus.

Inglês, Carey se converteu aos 18 anos e logo começou a se preparar para pregar. Sua disciplina no estudo fez com que rapidamente dominasse o latim, grego, hebraico, italiano, francês e holandês. Começou a entender que o mundo era bem maior que as Ilhas Britânicas e viu a necessidade de manifestar ao mundo a presença do Salvador.

Pendurou no seu local de trabalho um mapa do mundo, com todas as informações que julgava relevantes sobre alguns países: fauna, flora, população, entre outras. Enquanto trabalhava, orava e sonhava em influenciar essas nações de alguma forma. Quando tocava no assunto com sua pequena congregação ele era fortemente repreendido, mas nunca desistiu. Assim, somando esforços com outros 12 pastores batistas, ele fundou a Sociedade Missionária Batista. Carey se ofereceu para ser o primeiro missionário. Seu destino: a Índia.

Em junho de 1793, William Carey deixou a Inglaterra com a esposa e cinco filhos, para nunca mais voltar. O comandante do navio, comovido, permitiu a toda família que viajasse sem pagar. Durante a viagem Carey aprendeu o bengali e, quando desembarcou, já conseguia se comunicar com o povo.

Na Índia suas conquistas se tornaram notórias. Ele batizou o primeiro convertido em 1800. Mas não foram somente as conquistas espirituais que marcaram a trajetória de Carey. Com a ajuda de dois missionários, eles fundaram 26 igrejas, 126 escolas com 10 mil alunos, criaram a Sociedade de Agricultura e Horticultura, organizaram a primeira missão médica, o primeiro jornal no idioma bengali, além de traduzir as Escrituras para 44 línguas locais. Carey chegou a ser um dos maiores eruditos do mundo nas línguas orientais. Suas gramáticas e dicionários são usados até hoje.

Uma de suas maiores lutas foi pela vida das viúvas indianas. Ele foi um dos responsáveis por tornar ilegal o costume do *sati*, a morte da viúva numa fogueira, queimada com o corpo do marido. Carey percorreu a Índia levantando informações sobre a prática, que se tornava pior porque a poligamia era frequente em certas regiões — numa ocasião, ele descreveu o caso de 33 mulheres queimadas vivas no funeral de um homem. Escreveu artigos e livros que suscitaram forte pressão contra as autoridades locais. Quando morreu, em 9 de junho de 1834, as bandeiras foram hasteadas a meio-pau.

A história de Carey mostra algo comum nos avivamentos espirituais através da história: a influência na vida da sociedade como um todo. Tiago 2:17 diz: "Assim também a fé, por si só, se não for acompanhada de obras, está morta."

Com isso, a Bíblia não quer dizer que a salvação vem pelas obras, mas que ações transformadoras na sociedade devem sempre acompanhar uma fé verdadeira. Ela deve compelir o cristão a lutar contra a inversão de valores na sociedade e permitir que sua posição em defesa da vida seja evidente.

Um avivamento deve provocar a transformação, o embate pelos valores bíblicos, e a defesa da família, entre outras reações. Caso contrário, não é um avivamento de verdade.

Deus não o resgatou para que você compactue com a injustiça. E Ele quer que você demonstre isso e se comprometa a trabalhar para a transformação dos valores da sociedade. De que lado você está?

■ Depois da leitura

A fé sem obras é morta, conforme diz Tiago. Isso significa, entre outras coisas, que:
- o cristão comprometido com Deus está também comprometido com o bem estar de outras pessoas;
- o cristão não pode ver injustiça sem indignar-se;
- o cristão toma partido quando está diante da exploração do homem pelo homem. A quantas anda a sua fé? Ela está mesmo viva?

19

Intimidade

Pensem bem naquele que suportou tal oposição dos pecadores contra si mesmo, para que vocês não se cansem nem desanimem (HEBREUS 12:3).

OS ÚLTIMOS CAPÍTULOS TÊM tratado de um tema que é central na vida cristã: a nova postura de vida e a transformação de valores que são fruto da ação do Espírito Santo no dia-a-dia com Deus. Talvez você esteja lendo essas narrativas e se perguntando o que falta para ir aonde esses homens e mulheres chegaram. O fato de você ter essa dúvida é um bom sinal: Deus o está instigando a buscar mais intimidade com Ele.

Dê só uma olhada em algumas das histórias que surgiram em capítulos anteriores deste livro:

- Savonarola (capítulo 3) dedicava várias horas de seu dia à oração. Essa disciplina o levou a conhecer melhor a Deus, tornando ricos os sermões que expunha em Florença. O resultado: uma população consciente de seu pecado e certa de que só em Deus seria possível obter perdão;
- Mary Jones (capítulo 5) tinha tanta ansiedade por conhecer a Palavra de Deus que dedicou anos de sua vida para juntar dinheiro suficiente para comprar uma Bíblia. Seu esforço comoveu outros cristãos, a ponto de criarem formas de baratear e popularizar a publicação das Escrituras;

- David Livingstone (capítulo 10) queria muito obedecer à ordem de Deus para evangelizar povos distantes. Sua obediência o fez mudar-se para outro continente e percorrê-lo como nenhum outro homem branco havia feito até então;
- C. S. Lewis (capítulo 8) já tinha passado dos 30 anos ao se converter. A primeira coisa que fez, em seguida, foi ajoelhar-se e orar. Depois disso, colocou sua capacidade acadêmica a serviço de Deus.

Em comum entre essas pessoas há o fato de, em determinado momento de suas vidas, elas procuraram estabelecer uma relação de intimidade com Deus, por meio da oração, da obediência, da leitura da Palavra, entre outras formas. Elas se tornaram exemplos. E não são só elas: pense em George Müller, criador de uma rede de orfanatos que salvou — física e espiritualmente — muitas crianças na Inglaterra do século 19 (você verá mais sobre ele no capítulo 26); em William Carey, tema do capítulo passado; ou em William Wilberforce, líder do movimento antiescravagista da Inglaterra (ele está no capítulo 34).

Há ainda o caso de Teresa de Ávila, uma religiosa que rompeu com a tradição de isolamento dos monastérios para trabalhar pelos pobres na Espanha do século 16. Sua receita para conhecer a Deus era menos formalismo e mais oração — afinal, a santidade está na própria pessoa de Cristo, não nas liturgias. Deus, que é santo, é também infinito. A Bíblia ensina claramente isso em Hebreus 12:1-3, "Portanto, também nós, uma vez que estamos rodeados por tão grande nuvem de testemunhas, livremo-nos de tudo o que nos atrapalha e do pecado que nos envolve, e corramos com perseverança a corrida que nos é proposta, tendo os olhos fitos em Jesus, autor e consumador da nossa fé. Ele, pela alegria que lhe fora proposta, suportou a cruz, desprezando a vergonha, e assentou-se à direita do trono de Deus. Pensem bem naquele que suportou tal oposição dos pecadores contra si mesmo, para que vocês não se cansem nem desanimem."

Quando estiver em dúvida sobre o que fazer, lembre dos exemplos desses homens e mulheres e busque a intimidade com Deus — nem que isso o faça romper com algumas regras vigentes, como ocorreu também com eles.

▪ Depois da leitura

"...livremo-nos de tudo o que nos atrapalha e do pecado que nos envolve, e corramos com perseverança a corrida que nos é proposta, tendo os olhos fitos em Jesus, autor e consumador da nossa fé", diz parte do texto de Hebreus citado acima.

O que está atrapalhando a sua corrida?

20

Xô, preguiça!

> Não deixemos de reunir-nos como igreja, segundo o costume de alguns, mas procuremos encorajar-nos uns aos outros, ainda mais quando vocês veem que se aproxima o Dia (HEBREUS 10:25).

AO LONGO DA HISTÓRIA DO Cristianismo, os avivamentos ocorreram como uma reação à apatia espiritual e moral da igreja. Não custa lembrar: o verbo "avivar" significa tornar alguma coisa mais viva, mais animada, ativa e intensa. Em outras palavras, o avivamento cristão acontece para dar mais profundidade na vida espiritual dos discípulos de Jesus. Ele surge como uma ação de Deus contra a acomodação espiritual. Uma espécie de antídoto espiritual contra a preguiça do crente.

E são vários os indícios de acomodação espiritual: deixar de ler a Bíblia, de orar, de viver em comunhão com os irmãos... Você está sentindo alguma dessas coisas? A agenda de um avivamento é marcada pelo retorno da comunhão com Deus, só que, agora, de forma mais profunda. Como consequência deste novo fervor espiritual, cada pessoa é levada ao comprometimento maior com a santificação e as novas posturas de vida que a Palavra de Deus exige.

Foi isso que vários grupos dissidentes das reformas na Europa fizeram: não ficaram passivos nem inertes diante da sequidão espiritual da igreja, mesmo aquela que já tinha passado por uma primeira Reforma. Um desses grupos foi chamado de Anabatistas. Esse "apelido" foi dado devido à prática do rebatismo.

Eles acreditavam que deveriam submeter-se ao batismo somente as pessoas que tinham convicção de seu novo nascimento em Cristo. Por isso não levavam em conta o batismo aplicado aos bebês.

Os menonitas de hoje são descendentes diretos dos anabatistas europeus.

Os *quakers* (quacres) e os batistas são parentes mais distantes, mas também foram influenciados por esses irmãos fervorosos e inconformados com a acomodação da Igreja de seus dias. Um exemplo: enquanto Lutero dizia que tudo o que a Bíblia não proíbe deve ser permitido, os anabatistas rejeitavam tudo o que a Bíblia não ordena. Radical? Pode ser. Mas a intenção deles era procurar uma vida mais dedicada a Deus, além dos ritos e da cultura. Queriam uma comunhão pessoal, afetiva, amorosa com o Pai.

Mais do que outros, os anabatistas se esforçaram para praticar o Sermão do Monte, que traz um manual de conduta para os seguidores de Cristo. Eles priorizavam um discipulado intenso com Jesus Cristo e entre a comunidade de fé. E deixaram para os cristãos da atualidade preciosas lições contra a acomodação espiritual. Vejamos algumas delas?

- Não negligencie a rotina de oração. "De madrugada, quando ainda estava escuro, Jesus levantou-se, saiu de casa e foi para um lugar deserto, onde ficou orando" (Marcos 1:35).

- Aceite a vontade de Deus para sua vida. "Deleite-se no Senhor, e ele atenderá aos desejos do seu coração" (Salmo 37:4).
- Busque intencionalmente conviver com pessoas crentes, que servirão de estímulo nas provações, de encorajamento na fé e de amparo nas tribulações. "Não deixemos de reunir-nos como igreja, segundo o costume de alguns, mas procuremos encorajar-nos uns aos outros, ainda mais quando vocês veem que se aproxima o Dia"(Hebreus 10:25).

Em épocas de sequidão espiritual, atrofia moral na sociedade, inércia evangelística na igreja, obsessão por milagres sem confiança em Jesus, política e direito social corrompidos, liturgia e regras mais importante do que a fé, os discípulos de Jesus não podem ficar parados.

Cabe a você combater a apatia espiritual em sua própria vida. Só assim será possível influenciar outras pessoas a buscar a Deus com fervor e firmeza.

■ Depois da leitura

Fazer exercícios ou caminhar é bem mais fácil quando você tem companhia. Estudar também — veja os grupos de estudo que os alunos de cursinhos costumam fazer para se preparar para o vestibular. Com a vida espiritual as coisas também funcionam assim. Você já pensou em encontrar-se periodicamente com alguém para prestar contas de sua vida e para, juntos, animarem-se mutuamente? Que tal tentar?

21

Mal moral

A religião que Deus, o nosso Pai, aceita como pura e imaculada é esta: cuidar dos órfãos e das viúvas em suas dificuldades e não se deixar corromper pelo mundo (TIAGO 1:27).

COMO COMBATER E VENCER o mal moral e social da atualidade? Uma história de 300 anos pode dar algumas dicas.

O século 18 foi abençoado por um avivamento que transformou completamente a Inglaterra de seu tempo. Marcas como a convicção de pecados, o arrependimento genuíno, a evangelização intensa, o retorno às Escrituras como única regra de fé e prática, vidas rendidas ao Senhor em oração intensa e fervorosa, perdão e reconciliação entre pessoas e a mudança da liturgia foram partes importantes nesse processo.

Mas é digno de nota que dificilmente estará ocorrendo um avivamento num lugar e época onde os cristãos não atuarem em favor da justiça social, com solidariedade e amor ao próximo. Cristãos avivados e marcados pelo poder de Deus estão a serviço dos carentes e necessitados. E isso combina com o que diz a Palavra de Deus: "A religião que Deus, o nosso Pai, aceita como pura e imaculada é esta: cuidar dos órfãos e das viúvas em suas dificuldades e não se deixar corromper pelo mundo" (Tiago 1:27). É preciso, então, combater o mal entranhado na sociedade.

Este, no entanto, costuma ser derivado de um mal mais subjetivo, que habita o coração humano e atinge o mundo ao seu redor. É o que chamamos de mal moral. Ele é alimentado pelo orgulho, pela ganância, pelos pecados, pela moralidade corrompida e desenfreada de nosso tempo. É como um círculo vicioso que, enquanto não for desfeito, continuará distanciando as pessoas de um verdadeiro comprometimento com Deus e como o estilo de vida que Ele quer de Seus seguidores.

O mal social acontece porque a ganância entrou no coração das pessoas que detêm o poder de influenciar a sociedade com o bem. Muitas autoridades políticas do mundo usufruem do seu poder de influência para abençoar a si mesmas, encher os seus próprios cofres com dinheiro do povo. A sede pelo poder e o abuso dele corrompem o ser humano. Mas essa moralidade corrompida não é restrita apenas aos poderosos, pode ser perceptível em qualquer ser humano, até naqueles que trilham os caminhos da vida eterna.

O maior ícone deste avivamento inglês foi John Wesley, um homem que entendia que o evangelho deveria influenciar a sociedade. Esse impacto, para Wesley, devia acontecer no combate intencional e visível contra o mal social e o moral. Ele se opôs severamente ao abuso do álcool, à guerra e à escravidão. Segundo ele, para acabar com o mal social e moral o centro da pregação evangélica e da experiência cristã deveria ser a pessoa de Cristo. Somente Cristo pode regenerar um coração corrompido pelo pecado.

Wesley estava de acordo com Jesus, que disse que Seus seguidores dão sabor à terra insípida e iluminam o mundo em trevas. Sal e luz têm entre si um importante ponto em comum: quando acrescentados a alguma coisa, a tornam totalmente diferente. Sem sal (ou temperos), a comida fica sem sabor. Sem luz, mesmo que pequenos lampejos dela, os lugares ficam em plena escuridão. O mesmo ocorre com cada cristão, que representa uma força poderosa na sociedade — a força de Deus. Se precisar de algumas dicas de como usar essa força, aqui vão algumas.

Diga não à imoralidade descabida e explícita. Recuse qualquer convite, pensamento ou influência que seja contra a Palavra de Deus. Você pode vencer o mal moral na sociedade vencendo-o em primeiro lugar em seu coração.

Desligue a televisão. Veja menos programas de tevê e invista este tempo no estudo da Bíblia. Não veja ou apoie programas televisivos que depreciam o ser humano e a Palavra de Deus, através de cenas de sexualidade absurda ou violência. Faça uma revisão dos programas de tevê que podem ou não entrar em sua casa.

Faça bom uso do seu dinheiro. Além de viver agradecido e de acordo com o que Deus lhe dá, seja organizado com suas finanças. Não faça dívidas. Economize um pouco cada vez. Invista no Reino de Deus. Apoie financeiramente os movimentos missionários em seu estado e pelo mundo afora. Entregue o dízimo, que é do Senhor.

▌ Depois da leitura

O que o poder de Deus tem feito em sua vida? Quais as influências espirituais que você tem além dos limites do templo, do culto e da instituição religiosa à qual você aderiu? Como os seus vizinhos mais pobres o conhecem? Misericordioso e amigo ou avarento e cheio de desprezo? Qual tem sido a sua parte em aliviar a dor de quem sofre? Talvez, enquanto lê este livro, você possa ver as notícias dos jornais ou dos telejornais como sua agenda missionária, o que acha?

Em algum lugar, há alguém que precisa de sua ajuda! Isso é combater o mal social.

Semana 4

Deixando as marcas de Jesus no dia-a-dia das pessoas

Versículo para decorar:

Estejam prontos para servir, e conservem acesas as suas candeias (LUCAS 12:35).

22

Utilidade pública

Assim brilhe a luz de vocês diante dos homens, para que vejam as suas boas obras e glorifiquem ao Pai de vocês, que está nos céus (MATEUS 5:16).

ARREPENDIMENTO, CONFISSÃO, conversão. Oração, louvor, perseverança. Sinceridade, ética, perdão. Todas essas palavras perderão seu significado se não forem traduzidas em atos.

Veja o caso de Neemias, narrador e protagonista de um dos livros da Bíblia. Ele era copeiro de Artaxerxes, o rei da Pérsia. Ocupava, portanto, um cargo importante, com acesso direto a um dos monarcas mais poderosos de sua época. Poderia viver tranquilo e satisfeito com seu sucesso. Mas não.

Quando seu irmão contou a situação caótica em que sua terra natal se encontrava, ele chorou, jejuou e orou durante vários dias. Conseguiu a licença do rei para voltar a Jerusalém, para reconstruir as muralhas da cidade e livrá-la de novos saques. Durante os seus 12 anos como governador de Judá, Neemias conquistou a confiança dos habitantes locais, reconstruiu com eles as muralhas de Jerusalém e realizou uma série de reformas religiosas e sociais entre o povo. Seu exemplo diz mais ainda: um servo de Deus, fiel e sincero, pode ser instrumento de mudanças reais em sua comunidade.

Saltemos então daquele momento histórico, no século 5 a.C. para uma situação bem mais atual e prosaica. Nos anos 90, um cristão matriculou seus filhos adolescentes num colégio público, e procurou informar-se sobre a situação da Associação de Pais e Mestres (APM). As informações que recebeu não eram boas. Cheques sem fundo, títulos protestados, caixa com saldo negativo e — pior —, por causa disso, nada de convênios com o governo. Não haveria, então, recursos para apoiar estudantes carentes ou promover reformas e compras de equipamentos. Este ofereceu-se para ajudar com seus conhecimentos em administração, e logo foi convidado a presidir a APM. Naquele momento tão crítico, nem diretoria a associação tinha. Vendo sua disposição, outros pais e alguns professores também se dispuseram a colaborar. Em pouco tempo as coisas começaram a entrar nos eixos e os resultados apareceram.

Chegou o mês de maio, e a associação começou a planejar a festa junina. Nosso personagem, então, pediu licença temporária do cargo de presidente. Não houve qualquer surpresa nisso: no momento de sua posse, ele já havia deixado claro que não participaria desse tipo de evento, declarando que suas convicções de fé não combinavam com uma festa que tinha origem na devoção aos santos. Alguns até argumentaram que ele não devia se preocupar. "Na verdade, ninguém vai a uma festa dessas por causa do santo", diziam. "Vão só para se divertir, jogar e beber cerveja." Com tal argumento, ele se recusou a participar.

No final da gestão, a APM fora completamente saneada. Tinha as contas em dia, dinheiro em caixa, verbas de convênios normalizadas e as demandas sociais atendidas.

Guardadas as proporções da história e o exemplo de Neemias, esse servo de Jesus também não se omitiu diante de uma situação crítica. Ao contrário, aproveitou a oportunidade de usar os dons e talentos que Deus lhe dera para, sem abrir mão de princípios e valores de sua fé, deixar as marcas de Jesus na comunidade. Em Mateus 5:16, Jesus diz: "Assim brilhe a luz de vocês diante dos homens, para que vejam as suas boas obras e glorifiquem ao Pai de vocês, que está nos céus."

Pensar em avivamento exige que o crente — você, caro leitor — se coloque à disposição de Deus para agir em contextos sociais onde a luz divina será decisiva. Pode ser numa escola, num trabalho voluntário, aconselhando alguém que passa por um momento difícil, ou envolvendo-se no apoio às pessoas em situação de risco ou qualquer outra situação.

Você já pensou nisso?

▌ Depois da leitura

Você crê que Deus pode usá-lo além das paredes da igreja, para abençoar pessoas por meio da participação em sua comunidade? Como?

23

Capital de giro

Poderia alguém ser puro com balanças desonestas e pesos falsos? (MIQUEIAS 6:11).

QUANDO ALGUÉM TEM UMA experiência marcante com Deus, quer reproduzi-la. Mesmo que tenha de mudar completamente algumas práticas. Foi o que aconteceu com um empresário de Curitiba. Seu jeito de fazer negócios incluía uma prática comercial muito comum em sua época. Para obter empréstimos bancários de curto prazo e continuar tocando sua empresa, ele aumentava de forma fraudulenta o seu faturamento. Emitia falsos documentos de compra e venda (duplicatas), em nome de amigos ou até mesmo pessoas fictícias. Como o país vivia uma fase de inflação altíssima e juros assombrosos, até mesmo os gerentes de banco faziam vistas grossas a tais artifícios. Mas, quanto mais duplicatas eram emitidas, mais ele tinha de emitir, porque as anteriores mal davam para pagar os juros. Claro que em pouco tempo ele foi à falência, tendo que vender propriedades para quitar as dívidas e não correr o risco de ser enquadrado no Código Penal. Foi assim, flertando com a ilegalidade, que ele conheceu um grupo de empresários que fazia as coisas de outra forma.

Esse grupo foi a Associação dos Homens de Negócio do Evangelho Pleno (Adhonep), fundada em 1952 pelo empresário

Demos Shakarian, um americano descendente de armênios. A ideia da instituição era fortalecer os laços entre os empresários que compartilham experiências de sucesso — na sua atividade profissional, com Deus. No Brasil, ela começou em 1982, cresceu e hoje tem mais de mil grupos (ou capítulos), que realizam encontros em hotéis, clubes e restaurantes, entre outros locais. Após ver sua vida e seus negócios transformados, este nosso personagem também deu o seu testemunho em uma das reuniões.

Tempos depois, um amigo e fornecedor lhe pediu para usar o nome de sua empresa para emitir uma duplicata e negociá-la junto a um banco. Lembrando dos novos princípios e valores que ele estava aprendendo da Bíblia, disse sem receio que não poderia atendê-lo mais nesse tipo de transação. E passou adiante a pergunta do profeta Miqueias: "Poderia alguém ser puro com balanças desonestas e pesos falsos?" (Miqueias 6:11).

Existem negócios bem ou mal sucedidos, isso depende da competitividade dos mercados e da habilidade do empreendedor. Mas há duas formas de escolher fazer negócios: a legal ou ilegal; a correta e incorreta diante de Deus e dos homens. A Adhonep tem marcado gerações de homens de negócios, convidando-os a viver a experiência tremenda de serem dirigidos pelo Espírito Santo em suas empresas.

Avivamento genuíno só é possível quando os filhos de Deus imprimem em suas vidas (e negócios) as marcas das mudanças que o Espírito Santo produz.

▍ Depois da leitura

Sua forma de trabalhar e fazer negócios reflete os valores de sua fé?

24

Voto

Deem a cada um o que lhe é devido: se imposto, imposto; se tributo, tributo; se temor, temor; se honra, honra (ROMANOS 13:7).

EM TEMPOS DE AVIVAMENTO, uma nação precisa buscar santidade e pureza no exercício da cidadania.

O evangelista Billy Graham tem sido usado por Deus para marcar com sua fé e testemunho gerações de políticos norte-americanos. O impacto de suas realizações é impressionante. Billy Graham já pregou pessoalmente o evangelho de Cristo para mais de 80 milhões de pessoas e a outros incontáveis milhões por meio do rádio e de filmes. Quase três milhões responderam ao convite que ele sempre faz no fim de seus sermões. Só no Maracanã, em 1974, foram 20 mil.

Graham desfrutou de uma reputação privilegiada, pois várias de suas cruzadas foram realizadas em lugares que outros evangelistas consideravam impossíveis. Durante a Guerra Fria, Graham falava às grandes multidões em países da Europa Oriental e na antiga União Soviética. Praticamente todo país sob o controle soviético deu-lhe, progressivamente, privilégios que nenhum homem religioso jamais havia recebido — incluindo os líderes religiosos locais mais proeminentes e politicamente dóceis.

Sua importância se revela nas muitas vezes em que presidentes, ao passar por crises, buscaram seus conselhos e orações. Nos Estados Unidos, onde frequentemente religião e política se misturam, Graham se pronunciou em defesa de princípios ao longo dos anos. Em sua primeira cruzada na África do Sul, em 1973, ele denunciou o apartheid. Graham se opôs à segregação racial também em casa: era ele quem pagava a fiança de Martin Luther King sempre que este era preso nas campanhas pelos direitos civis, nos anos 60. Foi um dos poucos pregadores que conseguiu falar na Coreia do Norte.

Eleitores e eleitos precisam marcar sua presença na política, e demonstrar os valores de sua fé em Jesus Cristo com ousadia e paixão. O profeta Daniel e José, no Egito, são exemplos de homens com participação política e reputação ilibada. São parâmetros a serem seguidos no Brasil de hoje. Não custa lembrar que, em tempos recentes, parlamentares que compunham a bancada evangélica foram investigados pela CPI das Sanguessugas e acusados de envolvimento no desvio de dinheiro que deveria ser destinado à compra de ambulâncias.

Como Billy Graham, que tem marcado pessoas de forma íntegra e coerente, a ação política de todo crente precisa influenciar de forma positiva e eficiente a sua geração.

Depois da leitura

Os candidatos em quem você votou nas últimas eleições revelam os valores de sua fé em Jesus Cristo?

25

Esperando Papai Noel

"Qual destes três você acha que foi o próximo do homem que caiu nas mãos dos assaltantes?" "Aquele que teve misericórdia dele", respondeu o perito na lei. Jesus lhe disse: "Vá e faça o mesmo" (LUCAS 10:36,37).

QUEM PARTICIPA DE REUNIÕES de células (ou de grupos familiares, como são chamados em algumas igrejas) não tem ideia de como elas são parecidas com alguns dos encontros do avivamento inglês do século 18. Como hoje, as reuniões eram pequenas — o ideal era que nunca passassem de 15 participantes. Começavam com oração, incluíam estudo bíblico e até terminavam com um lanche! Tais encontros tinham a participação de pessoas que se destacariam como grandes líderes protestantes, como Benjamim Ingham, evangelista em Yorkshire; João Gambold, o bispo morávio; e George Whitefield, que se tornou o pregador mais eloquente de seu tempo, além dos irmãos John e Charles Wesley. Foram chamados metodistas, devido ao método empregado nessas reuniões de estudos.

Entretanto, diferentemente do que ocorre hoje, eles não ficaram apenas nas reuniões. Os grupos de metodistas dedicavam-se à prática das boas obras, visitando famílias pobres, fazendo cultos nas prisões e distribuindo aos necessitados tudo o que conseguissem juntar. Não era apenas o método, as ações também os distinguem dos outros grupos religiosos do seu tempo. Não queriam limitar-se à assistência espiritual, por entender que o homem é um só, integral, e dessa forma também deveria ser tratado pelo evangelismo.

O resgate desse conceito, que mais tarde se chamaria "teologia da missão integral" foi apresentado em 1974, no Congresso Internacional de Evangelização, promovido pela Associação Billy Graham, em Lausanne, Suíça. O evento reuniu mais de 10 mil cristãos do mundo todo, inclusive teólogos e líderes exponenciais do cristianismo evangélico. O assunto: uma abordagem teológica pela qual a comunidade pretende viver plenamente o Cristianismo e apregoar o Evangelho a todo homem e ao homem todo.

Ok, você pode dizer. "Aquela turma da Inglaterra viveu no século 18. O tal encontro de Lausanne foi coisa de teólogos e líderes internacionais. O que isso tem a ver comigo?"

Um exemplo bem recente pode ajudá-lo a compreender.

O Natal de 2008 havia chegado. Tempo de alegres festas e muitos presentes. Em geral, as pessoas estão voltadas a si mesmas e suas famílias. Nesta época, milhares de crianças carentes enviam cartas ao Papai Noel pedindo presentes. Como ele não existe, os Correios buscam parceiros para que pelo menos algumas crianças recebam seus pedidos. A Primeira Igreja Batista de Curitiba recebeu muitas cartas e foi bonito ver a comunidade se unindo para comprar e distribuir os brinquedos. Havia bonecas, carrinhos, bicicletas, aparelhos de DVD, videogames e até um tocador de mp3. Um dos líderes contou como foi marcante ver o semblante da pequena Cris, com os olhos brilhantes de tanta alegria, ao receber de suas mãos o seu mp3, em sua casa num bairro da periferia.

Entendeu? Missão integral não é coisa para pastores, líderes, missionários treinados. É para qualquer cristão. A vontade de Deus é que todo homem e mulher tenham condições de alcançar seu pleno desenvolvimento, no campo espiritual, intelectual, físico, emocional. Em sua missão integral, os membros da igreja de Cristo precisam ter consciência de sua responsabilidade com os menos favorecidos ou marginalizados socialmente.

Um avivamento espiritual do povo de Deus precisa incluir a ação social. Jesus mesmo explica isso, no trecho conhecido como a parábola do Bom Samaritano (Lucas 10:25-37), que ensina sobre o amor ao próximo. Depois de contar a história do homem que foi roubado e espancado por bandidos, cujo socorro não veio nem do sacerdote nem do levita, mas de um estrangeiro, Ele pergunta a seu interlocutor: "Qual destes três você acha que foi o próximo do homem que caiu nas mãos dos assaltantes?" A resposta é óbvia — aquele que se compadeceu dele e o ajudou. "Vá e faça o mesmo", ordenou Jesus.

Há pessoas necessitadas à sua volta. Elas esperam respostas práticas, e às vezes rápidas, que reflitam o Seu grande amor. Ou você acha que elas deviam esperar pelo Papai Noel?

▮ Depois da leitura

Como instituição, uma igreja local pode fazer convênios com empresas e com a administração pública para projetos sociais — casas de recuperação para dependentes químicos, creches, cursos, por exemplo. Na maior parte dos casos, os membros podem participar como voluntários desses projetos. Você pode se engajar num deles, sozinho ou com sua célula ou grupo familiar — como faziam os avivalistas do século 18. Ou ainda criar um projeto novo. Só não deixe a ideia morrer, porque Deus espera que você sirva aos outros. Em 1 Pedro 4:10, a Bíblia diz: "Cada um exerça o dom que recebeu para servir aos outros, administrando fielmente a graça de Deus em suas múltiplas formas." Você está pronto para colocar esse versículo em prática?

26

Impossível?

Então ouvi a voz do Senhor, conclamando: "Quem enviarei? Quem irá por nós?" E eu respondi: Eis-me aqui. Envia-me! (ISAÍAS 6:8).

CORRIA O ANO DE 1835, e a Inglaterra daquele momento transpirava gotas de sangue, pois seus trabalhadores eram massacrados em fábricas abafadas e sujas, com jornadas de 16 horas diárias e sem direito a folgas ou férias.

Nesse momento, um homem percebia tudo isso, mas ainda permanecia insensível aos clamores das centenas de crianças abandonadas pela cidade, resultado não desejado do crescimento.

Esse homem era George Müller. Seu sonho de ir para missões ainda escurecia sua visão social e por isso não enxergava nitidamente os olhares carentes de misericórdia daquelas crianças.

Deus estava com aquele homem, e seus sentidos aos poucos foram se aguçando. Quando não aguentava mais dizer "não", decidiu da maneira mais radical responder ao chamado. Iniciou um orfanato sem qualquer ajuda governamental ou eclesiástica. Um projeto que cresceu, resultando em uma rede de instituições.

Enquanto sonhava ir aos confins da terra, Deus tinha outros sonhos: Ele o queria ali mesmo, trabalhando no meio do seu povo. O coração daquele homem foi avivado e um amor sem limites brotou em meio aos seus projetos.

Durante os anos nos quais dirigiu aqueles orfanatos, George Müller atendeu mais de 10 mil crianças e quando alguém lhe perguntou qual era o segredo daquele grande homem de Deus ele respondeu: "Houve um dia em que eu morri. Morri completamente. Morri para George Müller. Morri para as suas opiniões, gostos e vontades. Morri para o mundo, a sua aprovação e a sua censura. Morri até para a aprovação de meus irmãos e amigos. Desde então tenho procurado apenas ser aprovado por Deus."

Estamos no século 21 e mais de 100 anos se passaram desde que aquele homem se foi. Mas os apelos e demandas que o impulsionaram naquele tempo persistem até hoje. Milhares de crianças estão nas ruas de nossas cidades. Outros milhares vivem em absoluta miséria social ou espiritual.

Como podemos passear em nossos carros ou descansar em nossas camas sem ouvir o grito dos desesperados? Talvez a resposta mais comum seja: "Eu não tenho nada a ver com isso!" São palavras sinceras, mas que não têm nada do DNA divino.

O apóstolo Pedro, no evangelho de Mateus 14, ao ver Jesus andando sobre as águas, decide fazer o mesmo, e com aquele ato mostrou grande fé. Segundos depois, ao começar a afundar, ele recebe uma repreensão de Jesus, que diz: "...Como é pequena a sua fé. Porque você duvidou?" (14:31). O que Jesus queria dizer naquele momento? Do que Pedro duvidou? Pedro duvidou das palavras de Jesus, quando disse que faríamos obras maiores que as dele. Duvidou que pudesse ser como Jesus, não por que ele conseguiria isso sozinho, mas pela obra do próprio Jesus em sua vida.

Você só vai ouvir o clamor das pessoas se as amar como Jesus as ama, e isso é obra de Jesus em sua vida. Ele quer avivar o seu espírito, mas quer avivar também o seu amor. Ele quer que você ame as pessoas como Ele próprio as amou. Isso é impossível? Pode ser. Mas George Müller não sabia que era impossível. Talvez por isso tenha feito.

Ele já se foi, mas o mesmo Deus que o avivou e usou para deixar profundas marcas na sociedade da época quer usá-lo também.

Basta você ser um instrumento. Está pronto?

▌ Depois da leitura

A missão de George Müller foi a criação e a administração de orfanatos. Qual é a sua?

27

Da Índia a Angola

Vocês são o sal da terra. Mas se o sal perder o seu sabor, como restaurá-lo? Não servirá para nada, exceto para ser jogado fora e pisado pelos homens (MATEUS 5:13).

QUALQUER LIVRO DE HISTÓRIA que se atreva a falar sobre os grandes heróis do século 20 não pode deixar de mencionar uma senhora chamada Agnes Gonxha Bojaxhiu.

Ela nasceu na Macedônia, em 1910. Aos 13 anos, ao ouvir um missionário jesuíta falar sobre o significado e razão para viver, Agnes sentiu-se profundamente tocada por Deus e decidiu dar um sentido à sua vida. Conversou ali mesmo com aquele missionário, mas ele a orientou a esperar e ouvir a voz de Deus.

Oito anos depois, aos 21 anos de idade, ela partiu para a Índia, onde permaneceu até a morte, aos 87 anos. Para servir melhor, estudou enfermagem e dedicou-se sempre à misericórdia e à ação social. A pobreza e a miséria daquele país a impressionavam e impulsionavam a mover toda sua energia em favor das crianças, das mulheres e dos idosos, que viviam em absoluto estado de abandono. Fundou escolas e ordens para perpetuar o seu esforço, e se dedicou inteiramente ao seu chamado.

Agnes, mais conhecida por Madre Tereza de Calcutá, iniciou um movimento que se espalhou por todo o mundo para combater a miséria e doenças como a lepra. Essa pequenina mulher deixou um legado que poucos conseguiram alcançar, simplesmente porque deixou Deus avivar o seu coração.

Você pode pensar que Madre Teresa era uma mulher excepcional, e que não pode servir de exemplo. Mas, o que dizer de Analzira Nascimento?

Brasileira e, como Madre Teresa, enfermeira, Analzira deixou o país em 1985 para viver em Angola. O país estava submerso em uma Guerra Civil que já durava 10 anos e que prosseguiria por mais 17 — um conflito sangrento, que deixou mais de 500 mil mortos. Em uma nação onde faltavam os insumos mais básicos para o seu trabalho, Analzira equipou-se com o amor cristão e improvisou o resto. Chegou a usar luvas de limpeza nas mãos, já que não havia luvas cirúrgicas. Também usou absorventes íntimos para fazer curativos, porque não havia gaze.

O trabalho não terminava no hospital ou na igreja. Junto à Convenção Batista Brasileira, ela criou um programa de incentivo à abstinência sexual entre os solteiros, que foi adotado pelas Nações Unidas para o combate à Aids (estima-se que 190 mil pessoas, 2 por cento da população local, seja portador do vírus da doença). Também levou palestras sobre o cultivo de soja, ajudou a criar um Seminário Teológico e montou até uma sorveteria. Seu trabalho serviu e serve de inspiração para muitos outros missionários, e ela passou a coordenar programas de treinamento para que outros, que compartilham o mesmo amor, possam continuar a ajudar Angola.

No evangelho de Mateus 22, Jesus diz que os mandamentos mais importantes são na verdade dois. O primeiro fala sobre o amor e a adoração a Deus sobre todas as coisas. O segundo, sobre o amor ao próximo. Como podemos demonstrar amor ao nosso próximo? Como você pode marcar posição em seu mundo hoje, tão agitado por sonhos e projetos do seu coração?

Talvez a resposta esteja nas palavras de Jesus no famoso Sermão do Monte, no capítulo 5 do mesmo evangelho, quando dá diversos padrões de relacionamento e uma receita simples, mas muito difícil de seguir. Ele vai falar em ser sal da terra e luz do mundo.

Da mesma maneira como o sal dá sabor aos alimentos, você pode dar sabor nesse mundo. Da mesma maneira que a luz acaba com a escuridão e mostra o caminho a ser seguido, você pode fazer brilhar o amor de Jesus.

Que tal começar agora? Com pequenos atos de bondade?

Alguns anos atrás um grupo de pessoas da Primeira Igreja Batista de Curitiba foi até um parque famoso e frequentadíssimo da cidade e levou copos de água aos que praticavam esportes. Eles queriam demonstrar amor àquelas pessoas. O impacto foi enorme, pois este mundo não está acostumado com isso.

Como estão os seus vizinhos? Porque não começa com eles? Você os conhece? Eles estão precisando de alguma coisa? Não os ame com interesses. Apenas os ame. Deus vai usar isso.

▌ Depois da leitura

Obras importantes tiveram lugar depois que duas mulheres simples — Agnes e Analzira — disseram "sim"a uma missão plantada por Deus no seu coração. Você já pensou no que Ele pode fazer por meio de você, se também disser "sim"?

28

Olhe em volta

Mas receberão poder quando o Espírito Santo descer sobre vocês, e serão minhas testemunhas em Jerusalém, em toda a Judeia e Samaria, e até os confins da terra (ATOS 1:8).

MUITAS HISTÓRIAS CONTADAS neste livro são de grandes líderes, que viveram em cidades importantes, lideraram grandes grupos, foram fundadores de denominações. Claro que, se não fosse a força do Espírito Santo a impulsioná-los, nenhuma obra teria sido alcançada. Mas é importante ter em mente que nenhum objetivo é pequeno se Deus o colocou em sua vida.

As ilhas da costa ocidental da Escócia, conhecidas como Hébridas, tinham pouco mais de 20 mil habitantes em 1950. Eram povoados dispersos, distribuídos entre seis ilhas principais e uma infinidade de pequenas porções de terra. Foi para essa região distante e fria, mais especificamente para a ilha de Lewis, que Duncan Campbell foi enviado por Deus, e onde sua obediência foi recompensada.

Duncan havia nascido nas Highlands escocesas, em uma região rural. Ele entregou sua vida a Jesus bem jovem, numa noite em que, ao se convencer do pecado, suas pernas não paravam de tremer. Nesse mesmo instante, descobriu mais tarde, sua mãe orava incessantemente por ele. Em 1917, durante a

Primeira Guerra Mundial, o jovem alistou-se no exército britânico e por muito pouco não morreu em uma das batalhas. Mas Deus o poupou, pois tinha um plano para ele. Quando a guerra terminou, ele começou a visitar os fazendeiros e orar com eles. Mais tarde se tornou pastor e trabalhou com aquelas pessoas durante muitos anos.

Foi aos 50 anos de idade, entretanto, que Deus começou realmente a mudar sua vida. Ele já havia mandado avivamentos para aquela região, mas o que aconteceria mudaria para sempre a vida daquelas pessoas. Era o ano de 1949.

As igrejas começaram a orar por um avivamento, a começar pela localidade de Barvas, e Duncan foi enviado à região por uma agência missionária. Certa noite ele já havia pregado e as pessoas estavam saindo da igreja, quando algo começou a acontecer. As pessoas estavam desistindo de ir embora! O Espírito Santo começara a agir no meio daquele povo e todos queriam apenas louvar e adorar ao Senhor. Era o avivamento que estava brotando.

Aquilo que começou entre os crentes não ocorreu apenas dentro de seus quintais. O avivamento começou a atingir pessoas que, até então, não tinham nada em comum com os que frequentavam as igrejas. Certa noite, quando vários jovens se preparavam para uma festa, um deles disse: "Pessoal, vamos comprar mais cerveja, pois algo me diz que essa é a ultima vez que vamos ter esse baile!" Mas enquanto ainda animava os outros a beber cada vez mais, algo aconteceu. Todos sentiram a presença da glória de Deus, e caíram prostrados no chão. Ninguém sabia o que estava acontecendo, e ninguém ali conhecia a Deus, mas começaram a clamar por misericórdia. Os 14 entregaram suas vidas a Jesus naquela noite. Alguns anos mais tarde, ao visitar uma igreja, Duncan conheceu aqueles jovens, a maioria presbíteros locais. Em outro episódio, um motorista parou seu ônibus no meio da viagem e começou a orar pedindo misericórdia sobre ele e todos os passageiros, que se renderam a Cristo.

O avivamento na Escócia não mudou apenas a igreja, mas toda a sociedade, pois a igreja começava a deixar marcas de sua passagem por qualquer lugar daquele país. Essa não é uma história distante: ocorreu há apenas 60 anos. E pode continuar ocorrendo. Em Atos 1:8 Jesus fala aos discípulos sobre o derramamento do Espírito Santo, e diz que eles deverão testemunhar sobre Ele na sua vizinhança (Jerusalém), em lugares próximos (Judeia e Samaria) e distantes (até os confins da terra).

Quais são as marcas que você está deixando em seu bairro? Em seus vizinhos? Em seu trabalho ou escola?

Qual vai ser a sua marca?

■ Depois da leitura

Olhe em volta da sua casa. Há alguma pessoa que precise das marcas de Deus? Como você pode contribuir para isso?

Semana 5

Assumindo no dia-a-dia a missão de falar do amor de Cristo

Versículo para decorar:

Anunciem a sua glória entre as nações, seus feitos maravilhosos entre todos os povos! (SALMO 96:3).

29

O pregador caolho

O homem bom tira coisas boas do bom tesouro que está em seu coração, e o homem mau tira coisas más do mal que está em seu coração, porque a sua boca fala do que está cheio o coração (LUCAS 6:45).

NOS VERÕES COSTUMA-SE ver muita chuva e, como resultado disso, rios transbordam e inundam cidades. Assim é o coração de alguém que vive dia a dia com Jesus: transbordante como um rio — com a diferença que o rio de Deus não deixa ninguém desabrigado.

Em Lucas 6:45 há uma explicação sobre isso. Nesse trecho, Jesus diz: "O homem bom tira coisas boas do bom tesouro que está em seu coração, e o homem mau tira coisas más do mal que está em seu coração, porque a sua boca fala do que está cheio o coração". Uma das características naturais de um avivamento é que, quando alguém é despertado para viver com Jesus, passa a conhecer o Seu poder, grandiosidade, santidade, misericórdia e amor. Tudo isso de forma intensa, a ponto de não conseguir guardar para si tais novidades. A pessoa que passa por um avivamento com Deus começa naturalmente a falar do que está vivendo com Jesus porque o que Ele é e faz é muito grande para ser guardado dentro do coração.

A vida de Christmas Evans, no País de Gales, foi assim. Ele recebeu esse nome por ter nascido no dia de Natal, mas logo se afastou de Cristo. Na adolescência, se entregou à devassidão e à embriaguez, e participou de muitas confusões e brigas. Numa delas foi esfaqueado, em outra caiu de uma árvore em cima de uma faca. Por fim, perdeu a visão de um olho em uma briga.

Christmas conheceu de verdade a Cristo, com 17 anos. Aprendeu a ler e logo depois foi chamado ao ministério para pregar. Certo dia, após derramar-se em oração durante uma viagem, começou a experimentar um avivamento do Espírito em seu coração. A partir daí começou a ver muitos frutos em suas pregações. Mesmo ao passar por um certo esfriamento espiritual, em determinado tempo em sua vida, orou pedindo que Deus o enchesse novamente com o Seu poder — e Deus ouviu a sua oração.

Viajava e pregava até cinco vezes por dia. Era capaz de manter atentas multidões de 15 a 20 mil pessoas. O grande avivamento vivido pelo pregador atingiu todo o país. Havia uma convicção de pecado muito grande entre os ouvintes. Quando encontravam a libertação em Jesus e recebiam o Espírito Santo, algumas pessoas choravam, outras dançavam e pulavam.

O impacto de sua vida foi tal que, quando morreu, seu sepultamento foi um dos eventos mais solenes na história de Gales e mobilizou todo o país. Gales viveu outros despertamentos espirituais mais recentes, mas, sem dúvida, Deus usou esse homem para mudar a história do país.

Christmas Evans não podia ficar satisfeito com o esfriamento espiritual porque carregava em sua face a lembrança da vida de pecado que viveu antes de conhecer a Cristo. Ele podia ver o que Jesus tinha feito por ele: o perdoou e aceitou. Quando se percebe o tamanho do perdão que Deus oferece e a nova vida que Ele proporciona, é impossível ficar calado ou esconder o que se experimenta — ainda que fiquem algumas marcas do "velho homem", como foi no caso de Christmas, que ficou caolho. A maravilha da vida com Jesus é maior do que um ser humano pode guardar ou represar. Ao contrário das enchentes dos rios, o compartilhar da vida que Cristo oferece traz paz, alegria e esperança para todos os que ouvem.

Como está a sua vida? Você sente que está seco, ou percebe o fluir do "rio de Deus" em sua vida a ponto de inundar a vida de outros com a mensagem de Jesus?

■ Depois da leitura

"...A sua boca fala do que está cheio o coração", diz um trecho de Lucas 6:45. Isso significa, também, que alguém que tem amarguras em seu coração pode ter dificuldades em compartilhar o amor de Deus.

É uma hora propícia para perguntar: há alguma coisa que o impede de ser um porta-voz de Cristo? Medite sobre isso e, se realmente sentir que há algum empecilho, ore pedindo libertação. Se for o caso de pedir perdão a alguém, não deixe para depois.

30

Outra cidade

...pois a nossa luta não é contra seres humanos, mas contra os poderes e autoridades, contra os dominadores deste mundo de trevas, contra as forças espirituais do mal nas regiões celestiais (EFÉSIOS 6:12).

NA DÉCADA DE 80, Kiambu, uma cidade próxima da capital Nairóbi, Quênia, era conhecida como um dos piores lugares para morar naquele país. A taxa de criminalidade era a pior da nação, havia muita propina nas relações comerciais e de noite ninguém se arriscava a sair de casa. Em 1988, o pastor Thomas Muthee e sua esposa entenderam que era vontade de Deus que se mudassem para lá e abrissem uma igreja. Seus amigos tentaram dissuadi-los, mas os esforços foram em vão. Eles tinham certeza de que Deus os chamava e que lhes havia dado uma estratégia: identificar os problemas espirituais da cidade, que impediam o avanço do evangelho.

Sua base estava em Efésios 6:12: "...pois a nossa luta não é contra seres humanos, mas contra os poderes e autoridades, contra os dominadores deste mundo de trevas, contra as forças espirituais do mal nas regiões celestiais". Muthee passou, então, seis meses em oração e pesquisa, com mais alguns que criam em Jesus. Descobriram que os problemas da cidade estavam ligados a uma feiticeira. Oraram por mais seis meses para que Deus libertasse a cidade dessa ação demoníaca.

O poder de Deus foi derramado e os efeitos começaram a ser vistos pouco a pouco. Assim, quase um ano depois, o pastor fez uma cruzada evangelística, na qual mais de 200 pessoas decidiram aceitar Jesus como Senhor de suas vidas — isso só na primeira semana. Milagres e curas se tornaram comuns, e a igreja do pastor Muthee recebia cada vez mais gente, a ponto de precisar mudar-se para um local maior. Foi aí que a feiticeira tentou contra-atacar, invocando males contra os crentes. Em seguida, a igreja começou a orar por aquela senhora, para que se convertesse ou fosse embora dali. Não demorou muito, e ela deixou Kiambu.

Depois disso, a atmosfera na cidade mudou. A taxa de criminalidade diminuiu drasticamente. As pessoas abandonaram a bebida, os bares foram fechados e alguns deles foram reformados para se tornarem igrejas. A boa fama da cidade se espalhou e pessoas de Nairóbi começaram a se transferir para lá, de modo que a população cresceu 30 por cento. A igreja do pastor Muthee e sua esposa ultrapassou cinco mil membros — isso em uma cidade que tem hoje população urbana de 14 mil pessoas, e onde as igrejas não costumavam ter mais de 30 ou 40 membros. Nada nem ninguém pode conter o avivamento de Deus!

A humanidade hoje vive em um mundo contaminado pelo mal, mas essa nunca foi a vontade de Deus. Pense na história de Abraão, que viveu um conflito semelhante, conforme o livro de Hebreus 11:8-10 relata: Pela fé Abraão, quando chamado, obedeceu e dirigiu-se a um lugar que mais tarde receberia como herança, embora não soubesse para onde estava indo.

Pela fé peregrinou na Terra Prometida como se estivesse em terra estranha; viveu em tendas, bem como Isaque e Jacó, co-herdeiros da mesma promessa. Pois ele esperava a cidade que tem alicerces, cujo arquiteto e edificador é Deus.

A cidade celestial, perfeita, prometida pelo escritor bíblico, é algo que só conheceremos quando estivermos com Deus. A oração, entretanto, nos capacita a adentrar um território diferente do nosso mundo físico. A prática da oração abre espaço para que o poder do Espírito Santo encha a vida da pessoa e se derrame não apenas sobre ela, mas em todas as pessoas que estão ao seu redor. Dessa forma podemos tornar a nossa cidade — feita de concreto e asfalto, habitada por pessoas de carne e osso — em algo mais parecido com aquela que Deus planejou.

O avivamento começa de forma individual, tocando cada um, mas ele cresce e se espalha por toda parte mediante a intercessão. A ação de Deus não se limita apenas a tratar os problemas pessoais, mas trata também os problemas do bairro, da cidade, do país.

O que Deus já fez por você nestas últimas semanas? Você pode citar as orações que já foram respondidas e visualizar claramente a atuação dele? Acredite que, se você pode ver a resposta sobrenatural de Deus às suas demandas, os que estão perto de você também podem. Você está preparado para as reações que virão à medida que a ação de Deus se tornar mais clara? É bom se preparar, porque mesmo que você não vá até as pessoas, elas virão até você em busca de ajuda, cura e transformação de vida.

■ Depois da leitura

A igreja não deve estar voltada para dentro, para si mesma. Uma de suas razões de ser é levar o conhecimento de Deus aos outros, e isso não é apenas uma tarefa de uma classe qualquer — não é exclusiva de pastores, líderes ou evangelistas. Cabe a todo cristão levar as boas-novas de Jesus. Se você está orando por um avivamento e essas palavras fazem sentido para você, coloque-se à disposição de Deus para deixar-se transbordar.

31

Qualquer um

Antes, santifiquem Cristo como Senhor em seu coração. Estejam sempre preparados para responder a qualquer pessoa que lhes pedir a razão da esperança que há em vocês (1 PEDRO 3:15).

A JORNADA EM BUSCA DE um avivamento passa por uma das experiências mais belas do mundo, que é falar do amor de Deus aos outros. Sem dúvida, anunciar que há vida plena em Jesus deve ser uma consequência de viver dia a dia com Deus. Nem por isso, muitas pessoas o fazem com regularidade. Hoje, vivendo dias em que a individualidade é ensinada e valorizada ao extremo, muitas pessoas que já têm uma vida com Deus se acanham ao pensar que falar do Seu amor pode ferir ou desrespeitar outro ser humano.

Agora pense bem: toda pessoa que recebe um presente que deseja muito, ou que percebe ser algo de valor, compartilha com as pessoas a sua alegria por ter algo tão especial. Assim, falar do amor de Deus a todos deve ser algo prazeroso e que todos estejam prontos a fazer. "Antes, santifiquem Cristo como Senhor em seu coração. Estejam sempre preparados para responder a qualquer pessoa que lhes pedir a razão da esperança que há em vocês" (1 Pedro 3:15). Jesus mesmo deixou uma ordem para aqueles que o amam: "Vão pelo mundo todo e preguem o evangelho a todas as pessoas" (Marcos 16:15). Sim, falar da vida em Jesus deve ser a missão da nossa vida. Há sem dúvida barreiras internas que precisam ser vencidas: não saber o que dizer ou responder, que textos bíblicos usar, e até mesmo a vergonha ou medo de não ser aceito por declarar a sua fé. Ao aceitar a missão de falar do amor de Cristo, precisamos olhar para Deus. Ele sempre se alegra quando cumprimos nossa missão.

George Whitefield era um jovem estudante da Universidade de Oxford quando se encontrou com Charles e John Wesley. Com mais alguns jovens, eles se alegravam de estudar a Bíblia e compartilhar uns com os outros o que descobriam sobre a vida com Deus. Logo, o grupo já não podia ficar apenas nos quartos dos rapazes ou nas salas da universidade. Passaram a visitar prisões e outros locais para falar do amor de Deus. Apesar disso, ainda não tinham uma experiência definitiva com Jesus como o Senhor de suas vidas, o que devagar, um a um, foi ocorrendo.

John Wesley se tornou o grande homem do avivamento daquela época, acompanhado de seu irmão Charles, que compunha muitos hinos. Ao falarem que era necessário arrepender-se dos pecados e buscar um relacionamento com Jesus, as igrejas das cidades começaram a fechar suas portas para os pregadores.

O que muitos não sabem é que Whitefield, diante de tal situação, decidiu partir para um novo tipo de ação: foi o pioneiro na pregação ao ar livre. Falava a plenos pulmões em épocas em que não havia microfones ou amplificadores, para multidões de cerca de 20 mil pessoas. O que realmente chama a atenção é como as pessoas reagiam às pregações: algumas percebiam sua situação de erro e pecado diante de Deus, muitas choravam alto e pediam a Deus que as perdoasse. Whitefield talvez tenha sido o maior pregador de seu tempo. Viajou sete vezes para a América do Norte, onde realizou uma obra impressionante para Deus. Com suas pregações, milhares de pessoas conheceram a Cristo, tiveram suas vidas transformadas e descobriram o que é um viver diário com Jesus.

Talvez você pense que falar do amor de Deus para multidões não é coisa para qualquer um. Ainda assim, falar do amor de Deus a qualquer um é algo que todos podem fazer. Se você já vive diariamente com o Senhor sabe que todos precisam conhecê-lo.

▪ Depois da leitura

No capítulo 10, você foi desafiado a elaborar uma estratégia para alcançar outras pessoas para Cristo. Esta é uma boa oportunidade para rever esse plano, colocá-lo em prática ou mesmo ampliá-lo.

32

Medo

…pois, se você ficar calada nesta hora, socorro e livramento surgirão de outra parte para os judeus, mas você e a família de seu pai morrerão. Quem sabe se não foi para um momento como este que você chegou à posição de rainha? (ESTER 4:14).

A BÍBLIA CONTA A HISTÓRIA da rainha Ester, uma judia colocada como rainha de um reino pagão. Sendo odiados por muitos deste reino, os judeus se veem em uma armadilha preparada com o propósito de matar a todos. Ester é questionada se, como rainha não podia interceder para que a situação fosse transformada. Ela, então, sente medo. Você passou por uma situação em que sabe que tem algo a fazer, mas tem medo de agir? Às vezes, o medo vem por não saber como os outros irão reagir, se sua fé será respeitada ou será alvo de zombarias. E, às vezes, é por sentir-se demasiado confortável na posição atual. Talvez fosse essa a situação de Ester — vivendo no palácio, talvez se achasse intocável. Mas seu tio Mardoqueu não lhe deu sossego. "Se você ficar calada nesta hora", ele disse, "…socorro e livramento surgirão de outra parte para os judeus, mas você e a família de seu pai morrerão. Quem sabe se não foi para um momento como este que você chegou à posição de rainha?" (Ester 4:14). Foi o suficiente para que ela mudasse sua atitude.

Quando o Espírito Santo toca e enche uma pessoa, ela começa a enxergar as coisas de forma diferente. Coisas que eram importantes se tornam secundárias, e outros valores ganham destaque. O principal valor que o Espírito faz acender é o amor. O Espírito nos faz olhar para os indivíduos de forma diferente: são vidas que precisam conhecer a Fonte da Vida. E isso não acontece apenas com rostos conhecidos.

No ano de 1900 um missionário canadense chamado Jonatas Goforth experimentou algo parecido com o que houve com os judeus na história de Ester. Ele era missionário na China e o governo expediu uma ordem para que todos os estrangeiros fossem mortos. Era a época da Revolução dos Boxers, que visava eliminar a influência ocidental e cristã do país. Em vez de fugir, ele se manteve firme — afinal, será que não foi para uma circunstância como essa que ele havia sido enviado à China? Goforth e sua família foram atacados várias vezes por multidões enfurecidas, gritando "mate-os, mate-os". Em certa ocasião, caído ao chão após ter sido atingido na cabeça, ele escutou uma voz dizendo: "Não temas! Teus irmãos estão orando por você." Milagrosamente, ele foi salvo.

Uma missão apenas não é capaz de fazer alguém superar o medo de sofrer ou de morrer. A missão sozinha não recupera a motivação após perder quatro filhos, como ocorreu com certo missionário. Mas o amor de Deus, derramado pelos perdidos, motiva a seguir em frente.

A passagem de Mateus 14:22-33 descreve Jesus indo ao encontro dos discípulos andando sobre as águas. Muitas pessoas lembram apenas da falta de fé que fez Pedro afundar, mas se esquecem de que, apesar de afundar, ele teve coragem de ir até Jesus. Ninguém mais andou sobre as águas com o Mestre.

Continuar no barco pode ser confortável, mas é fora dele que se encontra Jesus.

■ Depois da leitura

Pense novamente na história da rainha Ester. Havia riscos envolvidos na estratégia de buscar o rei para revelar as tramas e salvar o povo hebreu. Mesmo para uma rainha, palpitar nos assuntos de Estado era muita ousadia. Por isso Ester tomou suas precauções: pediu que seu povo orasse e jejuasse em seu favor, enquanto se preparava para encontrar-se com o rei Xerxes.

Você aceita o desafio de falar de Cristo a outras pessoas? Então prepare-se, como Ester fez. Ore, e peça a outros cristãos para orarem por essa missão.

33

O que o sapateiro falou

Disse-lhe o Senhor: "Quem deu boca ao homem? Quem o fez surdo ou mudo? Quem lhe concede vista ou o torna cego? Não sou eu, o Senhor? (Êxodo 4:11).

Você já esteve diante de uma tarefa — no trabalho, por exemplo — tão complexa, a ponto de você se achar incapaz de cumpri-la? Pois isso também pode acontecer no seu dia-a-dia com Deus. Muitas pessoas não comunicam o amor de Deus simplesmente porque temem não conseguir.

Alguns não se sentem habilitados para falar com fluência, imaginam que sua oratória não é eficiente como a de tantos pregadores do evangelho. Outros afirmam não conhecer com profundidade suficiente as Escrituras para pregar a quem quer que seja. Têm medo de não se lembrar dos versículos ou das referências bíblicas corretas. Muitos não sabem como agir e outros tantos "travam" justamente na hora em que precisariam dar seu testemunho de fé.

Há na Bíblia exemplos de pessoas que tiveram o mesmo sentimento. Quando Deus chamou Moisés, este tentou se esquivar da obra usando justamente sua incompetência, dizendo: "Ó Senhor! Nunca tive facilidade para falar, nem no passado nem agora que falaste a teu servo. Não consigo falar bem!" (Êxodo 4:10). A resposta de Deus não deixou dúvidas: a missão era humana, mas a capacitação viria do alto.

"Disse-lhe o Senhor: Quem deu boca ao homem? Quem o fez surdo ou mudo? Quem lhe concede vista ou o torna cego? Não sou eu, o Senhor? Agora, pois, vá; eu estarei com você, ensinando-lhe o que dizer" (Êxodo 4:11,12).

Sim, é verdade: como qualquer ser humano, você é incapaz de descrever a grandeza de Deus, Seu poder e majestade. Mas a boa notícia é que você não precisa se preocupar com isso, porque o Espírito Santo irá prover o que for necessário. Nós, seres humanos, não temos nada de bom para dizer, mas o Espírito Santo dá a palavra certa.

O apóstolo Pedro, que antes era apenas um pescador, depois de receber o derramamento do Espírito Santo se tornou um grande pregador a ponto de em um só sermão levar cerca de três mil homens a Cristo, como descreve o livro de Atos 2:14-41. Sozinho, ele também era incompetente, mas o Espírito Santo, que estava nele, tinha competência de sobra.

Essa sabedoria e habilidade, que Deus nos outorga, muitas vezes se limitará a um comentário ou sorriso. Algumas vezes ela o fará falar do amor de Deus, mesmo que você seja pego de surpresa. Foi assim que Charles Spurgeon, conhecido como "Príncipe dos pregadores", teve sua vida transformada por Jesus. Sendo neto e também filho de pastor, Spurgeon conhecia a mensagem da Bíblia, mas, aos 15 anos de idade, ele ainda buscava uma experiência definitiva de vida com Cristo. Certa ocasião, entretanto, ele foi a um culto ao qual o pastor não pôde comparecer, por causa de uma tempestade de neve. Quem assumiu o púlpito foi um sapateiro inexperiente em pregações, que leu um texto da Bíblia e clamou: "Olhem para

Jesus"! O sapateiro apontou na direção de Spurgeon e repetiu: "Moço, olhe para Jesus!". Spurgeon tomou sua decisão por Jesus ali, de forma simples, e depois se tornou um dos maiores pregadores que o mundo conheceu.

Ele tinha 19 anos quando começou a pregar, em Londres. De início, falava a um punhado de pessoas, mas aos poucos, milhares se juntavam para ouvi-lo. Logo os salões não comportavam mais tantas pessoas. Foi também a países como França, Escócia, Irlanda, Holanda e Gales. Spurgeon escreveu e publicou uma imensidão de sermões, que até hoje são lidos como exemplos para os pregadores. Quando perguntavam seu segredo, ele sempre afirmou ser a oração. Era um homem de oração e contava com várias pessoas que intercediam por ele enquanto pregava. Quando morreu, seis mil pessoas foram ao sepultamento. No caixão havia uma Bíblia aberta na passagem usada pelo sapateiro naquela pregação, muitos anos antes. Palavras que mudaram a vida de milhares de pessoas e foram decisivas para dar início a um grande avivamento — por que não?

Na próxima vez em que você estiver diante de uma oportunidade de falar de Jesus, não se sinta pressionado, nem se intimide. Apenas olhe para Jesus, e deixe que o Espírito Santo faça o trabalho dele.

▍Depois da leitura

As passagens descritas no livro de Êxodo 3:1–4:17 mostram a conversão de Moisés de fugitivo medroso a enviado de Deus. Leia esse trecho e medite sobre o que se refere à sua própria situação.

34

Andorinha solitária

O vento sopra onde quer. Você o escuta, mas não pode dizer de onde vem nem para onde vai. Assim acontece com todos os nascidos do Espírito (JOÃO 3:8).

VENCIDAS AS BARREIRAS QUE nos impedem de falar do amor de Cristo, uma última pergunta pode se levantar: "O que fazer?" ou "Para quem falar?" Ao ler as histórias dos grandes avivamentos que já ocorreram na história, é inevitável ficar impressionado com a forma como Deus usou poucos homens para promoverem uma grande mudança na sociedade onde viviam. Será que isso pode ocorrer ainda hoje? É possível que a sua própria vida, transformada e avivada pelo Espírito Santo, seja o estopim de uma mudança em toda a sociedade brasileira?

Jesus afirmou que "O vento sopra onde quer. Você o escuta, mas não pode dizer de onde vem nem para onde vai. Assim acontece com todos os nascidos do Espírito" (João 3:8). Os sonhos e os desafios que você recebe de Deus com frequência parecem estranhos ou mesmo absurdos. São como o vento, que tem um caminho aparentemente aleatório. Entretanto, se você permitir a si próprio ser guiado pelo Espírito Santo e olhar para esses sonhos com os olhos da fé, não há mais absurdos, apenas o desejo de realizá-los.

William Wilberforce foi um destes homens que receberam de Deus um sonho aparentemente absurdo. No século 18, a Inglaterra era a maior potência mundial e uma parte considerável da sua riqueza vinha do comércio de escravos. Mesmo que muitos considerassem a escravatura indesejável, a nação não podia e não desejava abrir mão de toda a receita resultante dela. Nesse contexto, Wilberforce recebeu de Deus a missão de lutar contra a escravatura. Em seu diário ele escreve: "O Deus Todo-Poderoso tem colocado sobre mim dois grandes objetivos: a supressão do comércio escravocrata e a reforma dos costumes." Durante 18 anos, ele lutou entre os parlamentares para que a Inglaterra libertasse seus escravos. Junto a ele, seus amigos oravam constantemente para que Deus cumprisse o propósito. Deus não apenas libertou os escravos da Inglaterra como a nação passou a usar toda sua força bélica para tornar o mundo livre de escravos. Quatro dias antes de sua morte, ocorrida em 29 de julho de 1833, a Lei de Emancipação foi promulgada, dando um fim definitivo a toda escravidão na Inglaterra.

Wilberforce era apenas um e estamos acostumados a pensar que um homem não pode fazer muito, como no ditado que diz que "uma andorinha só não faz o verão". Ele não era nem mesmo um pastor, mas alguém que estava disposto a ser orientado pelo Espírito Santo para fazer o que fosse necessário. Por meio de sua ação, todo o mundo foi transformado.

É possível que, nos últimos dias, Deus tenha colocado no seu coração alguns sonhos que hoje são impossíveis. Pode ser algo grandioso, capaz de impactar uma nação, ou algo extremamente pessoal, como a conversão de um querido que continua relutante à graça de Cristo. Não importa o sonho, importa o desejo de ser guiado pelo Espírito Santo ao cumprimento deste sonho. Importa que você esteja aberto à ação do Espírito Santo para moldá-lo de forma que o seu sonho e o sonho de Deus sejam um. O que acontecerá depois?

"E eu farei o que vocês pedirem em meu nome, para que o Pai seja glorificado no Filho" (João 14:13).

Depois da leitura

Avivamento, conforme já foi demonstrado nas páginas anteriores, começa com o indivíduo, alcança a igreja e depois se derrama sobre toda a comunidade. Foi assim no caso de Wilberforce.

E no seu caso? Quais são os sonhos impossíveis que Deus realizará em você?

35

Fazendo da coisa mais importante, a coisa mais importante!

> Busquem, pois, em primeiro lugar o Reino de Deus e a sua justiça, e todas essas coisas lhes serão acrescentadas (MATEUS 6:33).

A GENTE PRECISA TRABALHAR para ter feijão na mesa e iogurte na geladeira, estudar para ganhar mais e ter o conforto adicional. Exercitar-se para manter a forma e, com isso, preservar a saúde e também a autoestima. As crianças precisam de cuidados. Tudo isso preenche o dia-a-dia. Mas qual é o espaço que sobra para Deus?

No tempo em que Jesus viveu e pregou sobre a terra, não havia preocupação com a forma física nem com o mercado de trabalho — ou alguém já ouviu falar de um escriba com carteira assinada e cartão-ponto? Também não havia engarrafamentos, que estão entre os grandes desperdiçadores de tempo da atualidade. Mas Ele já antecipava esses e outros temas que conspiram para afastar as pessoas de um convívio mais intenso com Deus e Sua Palavra. E Jesus falou sobre isso no Sermão do Monte. "Portanto, não se preocupem, dizendo: 'Que vamos comer?' ou 'Que vamos beber?' ou 'Que vamos vestir?' Pois os pagãos é que correm atrás dessas coisas; mas o Pai celestial sabe que vocês precisam delas", diz Mateus 6:31,32. Em seguida, Ele dá a receita para escapar a essas pressões: "Busquem, pois, em primeiro lugar o Reino de Deus e a sua justiça, e todas essas coisas lhes serão acrescentadas" (v.33).

A maioria das pessoas diria que há muitas coisas importantes para tratar a cada dia e que falar do amor de Deus é importante, mas talvez não tão prioritário. David Brainerd, um jovem órfão, de saúde frágil que viveu nos Estados Unidos do século 18, não pensou assim. O avivamento daquela época o atingiu quando estava na Universidade de Yale, em 1738. Após sua conversão, entendeu que deveria falar de Cristo para outras pessoas. Em seu diário, escreveu: "Ofereci-me alegremente para passar os maiores sofrimentos pela causa de Cristo, mesmo que fosse para ser desterrado entre os pagãos, desde que pudesse ganhar suas almas. Então Deus me deu o espírito de lutar em oração pelo Reino de Cristo no mundo".

Brainerd assumiu como missão individual o falar de Cristo aos índios americanos. Sua primeira aproximação com eles foi interessante. Já era tarde, o sol se punha e ele estava cansado e perdido quando parou para orar. Em oração, ele não percebeu que índios o cercaram para matá-lo. Assim, eles ouviram seu pedido ao "Grande Espírito" para que lhe permitisse falar da salvação para os índios. Ficaram tão impressionados que, em vez de matá-lo, levaram-no com honras para a tribo. Seu trabalho foi grande e penoso para sua saúde. Ele não compreendia totalmente a língua e precisava de intérpretes para comunicar as verdades de Deus. Teve de se posicionar e ensinar que vários rituais e danças os afastavam de Deus em vez de levá-los para perto dele. Os índios o ouviam, comovidos, e muitos se entregaram a Cristo.

Desde seus dias em Yale dava sinais de doença, que hoje se supõe ser tuberculose. Brainerd estava noivo da filha do grande pregador Jonathan Edwards, mas abandonou a ideia do casamento em razão de seus problemas de saúde, agravados pelos cinco anos de viagens pelas florestas da Nova Inglaterra. Morreu aos 29 anos. Sua biografia inspirou outros grandes homens de Deus, como William Carey, que se tornou missionário na Índia.

A história de David Brainerd traz consigo uma mensagem simples e radical: o Reino de Deus deve vir antes do indivíduo. O texto de Mateus 6 diz que, enquanto as pessoas investirem suas vidas, seu tempo e sua atenção naquilo que é importante para Deus, Ele mesmo acrescentará o que é importante para elas. Ninguém está dizendo a você que seus sonhos de casamento ou a sua família não são importantes, apenas fica uma pergunta inquietante: quem está no centro da sua vida? Você ou Deus?

▌ Depois da leitura

Brainerd foi radical em seu compromisso com Deus, a ponto de comprometer sua saúde e sua sobrevivência em troca da conversão dos indígenas. Deus quer que você também seja radical. O que isso significa para você?

Semana 6

Aprendendo a viver um dia de cada vez

Versículo para decorar:

Graças ao grande amor do Senhor é que não somos consumidos, pois as suas misericórdias são inesgotáveis. Renovam-se cada manhã; grande é a sua fidelidade! Digo a mim mesmo: A minha porção é o Senhor; portanto, nele porei a minha esperança (LAMENTAÇÕES 3:22-24).

36

Não pare, não pare, não pare!

Orem no Espírito em todas as ocasiões, com toda oração e súplica; tendo isso em mente, estejam atentos e perseverem na oração por todos os santos (EFÉSIOS 6:18).

QUANDO VOCÊ EXPERIMENTA uma coisa boa, nunca quer que ela termine. É assim que chegamos a ultima semana de leitura desse devocional. Há uma pergunta que começa a surgir naturalmente: é possível manter esse despertar espiritual? Ele pode ser uma experiência duradoura?

A resposta depende de você. Deus quer continuar derramando sua graça, misericórdia e poder sobre a vida de todo ser humano, mas cada pessoa precisa decidir se quer passar seu dia-a-dia com Deus. Viver com Ele significa deixar que a vontade dele seja também a sua vontade nas decisões da vida. É decidir deixar que Deus o transforme a cada dia. Foi o que aconteceu com um pastor e sua esposa, na Colômbia.

Julio Ruibal, um pastor nascido na Bolívia que chegou a Cali em 1978, percebeu a grande decadência moral e espiritual da cidade. Na década de 1980, Cali era a capital mundial do tráfico de drogas. Havia muita violência e roubo, entre outras coisas. Com a sua esposa, Ruth, ele começou a orar por um avivamento espiritual que libertasse a cidade do cartel de Cali e desse nova oportunidade de vida para todos. Deus respondeu, dando a convicção de que as igrejas precisavam se unir e orar. Nessa época, entretanto, Ruibal teve um desentendimento em uma reunião com vários pastores da cidade e quis se desligar do grupo. Mas Deus deixou claro que, se quisesse um avivamento, precisaria pedir perdão e se unir novamente aos outros pastores. Foi o que ele fez, dizendo que desejava ver um despertar espiritual na cidade e que isso só ocorreria se eles se dedicassem totalmente.

No início da década de 1990, ele e outros pastores de várias igrejas decidiram fazer uma reunião de adoração e oração em um estádio da cidade. Muitos disseram que não daria certo porque não havia união entre as igrejas locais. Quando chegou o tal dia, no entanto, o estádio estava lotado. A reunião foi maravilhosa, mas algo ainda mais impressionante ainda estava por ser revelado. Depois do culto, os jornais da cidade mostraram que não houve nenhum assassinato durante 48 horas após a reunião. Passados dez dias, o primeiro chefão do cartel de Cali foi preso. Deus começava a mudar a história da cidade.

Ruibal passou, então, a receber ameaças de morte. Em oração, teve certeza de que sofreria muito, mas que o avivamento continuaria e se espalharia por toda a cidade. Em 13 de dezembro de 1995, quando estava indo para um encontro de pastores, ele caiu em uma emboscada, recebeu dois tiros e morreu. Perplexas, igrejas inteiras compareceram ao seu funeral. Havia entre o povo crente de Cali o medo de que o mal acabasse por triunfar. Mas não foi o que aconteceu.

Os bandidos tiraram a vida do pastor, mas não acabaram com o movimento. Ruth Ruibal comprometeu-se também a dar sua vida para que o avivamento não parasse — e ele não parou. As reuniões de oração nos estádios continuaram e, ainda na década de 1990, todo o cartel de Cali caiu nas mãos da polícia. A cidade foi liberta do poder das trevas por meio da oração e da união de um povo que amava a Deus.

Podemos aprender com a família Ruibal que as maravilhas que Deus faz não conhecem limites. Mesmo que o agente desses milagres não esteja mais vivo, o impacto da obra divina continua a se revelar por meio de outros. Inclusive de pessoas que talvez você não conheça, mas que conhecem o Deus que você conhece.

■ Depois da leitura

Toda cidade grande tem um pouco da Cali que Julio Ruibal conheceu. Crime, drogas e miséria não fazem parte dos planos de Deus para a humanidade. O que você está fazendo para impedir que isso se perpetue?

37

Cor e reconciliação

Portanto, somos embaixadores de Cristo, como se Deus estivesse fazendo o seu apelo por nosso intermédio. Por amor a Cristo lhes suplicamos: Reconciliem-se com Deus (2 CORÍNTIOS 5:20).

A MAIOR PARTE DESTE LIVRO foi dedicada à busca do avivamento espiritual. A essa altura, a ideia é que você tenha uma boa noção a respeito e tenha sido capaz de identificar o avivamento no seu dia-a-dia. Agora que se aproxima o fim, é bom desviar a atenção para outra questão, que já começou a ser tratada no capítulo anterior: o que fazer para manter viva a fé. Como prolongar o avivamento, por assim dizer.

A verdade é que o auge desses movimentos dura uns poucos anos. O que não significa que as marcas que ele produz são efêmeras. Ao contrário, como resultado da influência do Espírito Santo, pessoas têm mudado seu modo de ver o mundo e criado estruturas que sobrevivem.

Um caso interessante é o do movimento que ficou conhecido como "avivamento da rua Azusa", ocorrido em Los Angeles, na costa Oeste dos Estados Unidos. Esse era o endereço das reuniões de um grupo de cristãos que desafiou as regras de segregação racial vigentes nos Estados Unidos do início do século 20.

A figura-chave desse movimento foi William Seymour. William era de origem pobre, discriminado no meio cristão da época, que dava aos brancos os assentos preferenciais das igrejas e voz ativa na sociedade. Filho de escravos, ele era cego de um olho e mal visto por outras igrejas na cidade. Tornou-se metodista porque a denominação, influenciada por John Wesley, constituía-se no grupo cristão mais interracial daquela época.

William Seymour tinha o desejo de ver uma reconciliação racial em seu tempo por meio da atuação do Espírito Santo. Foi isso que aconteceu no galpão da Rua Azusa, berço do movimento pentecostal. Lá, pessoas de cores, posições sociais e personalidades diferentes se reuniam para orar e buscar a presença de Deus.

Segundo os historiadores, o culto da Rua Azusa era composto de alguns cânticos, orações individuais e conjuntas. Poucas vezes, Seymour recitou alguns versículos bíblicos, ajoelhado num caixote usado para carregar verduras. O galpão estava sempre cheio em cada um dos três cultos diários. Cabiam 800 pessoas, todas espremidas, buscando a Deus a despeito de suas tradições, culturas e cor. As pessoas que frequentavam aquelas reuniões eram trabalhadas pelo Espírito Santo de tal forma que muitas se dedicavam às missões. Assim o avivamento sobrevive: usando os indivíduos que querem tornar permanente uma realidade espiritual distinta, que Deus lhes permitiu experimentar.

A atividade de Seymour ajuda a entender o que o apóstolo Paulo disse a respeito da reconciliação. "Tudo isso provém de Deus, que nos reconciliou consigo mesmo por meio de Cristo e nos deu o ministério da reconciliação, ou seja, que Deus em Cristo estava reconciliando consigo o mundo, não levando em conta os pecados dos homens, e nos confiou a mensagem da reconciliação. Portanto, somos embaixadores de Cristo, como se Deus estivesse fazendo o seu apelo por nosso intermédio. Por amor a Cristo lhes suplicamos: Reconciliem-se com Deus" (2 Coríntios 5:18-20).

Seymour e os frequentadores de sua igreja viveram um período de reconciliação racial. E plantaram na sociedade americana mais uma semente de igualdade, que ajudaria a consolidar, décadas mais tarde, o movimento pelos direitos civis. Está tudo interligado e Deus está sempre à frente. Será assim também no Brasil de hoje, se você estiver disposto a trabalhar por isso.

▌Depois da leitura

Uma característica impressionante no avivamento da Rua Azusa foi o fato de envolver pessoas de classes sociais diferentes, brancos e negros. Você acha que, para experimentar um avivamento no Brasil atual, será essencial vencer as diferenças sociais?

O que você pode fazer nesse caminho?

38

Fracasso?

Ora, é Deus que faz que nós e vocês permaneçamos firmes em Cristo. Ele nos ungiu, nos selou como sua propriedade e pôs o seu Espírito em nossos corações como garantia do que está por vir (2 CORÍNTIOS 1:21,22).

DURANTE MUITOS ANOS, tudo o que Erlo Stegen queria era ganhar dinheiro. Para aquele jovem descendente de alemães que um dia migraram para a África do Sul, isso era mais importante até mesmo do que conhecer garotas. Seus pais eram bons luteranos e buscavam seguir uma vida de adoração e zelo pelas coisas de Deus. Para Stegen, entretanto, nada daquilo tinha importância. O que ele queria mesmo era enriquecer.

Essa situação começou a mudar quando um pastor que cuidava de sua igreja há algum tempo teve uma experiência especial com Deus. Ele afastou-se e, quando voltou, começou a pregar de maneira diferente. Seu poder e autoridade impressionaram a Stegen, ainda adolescente, e despertaram nele uma vocação que culminou com a chamada do menino para o ministério entre o povo zulu, principal etnia do país.

Stegen pregou durante muitos anos e trabalhou muito, mas não via resultados. Ele acreditava no que os zulus diziam: "Umfundisi (pastor), vocês são cristãos porque seus pais o foram. É uma tradição! Nós temos as nossas tradições. Os cristãos fazem o bem para nós, com suas escolas e hospitais, mas não queremos deixar nossas tradições!"

Certa vez, uma mulher trouxe sua filha, doente mental, para ser curada. Depois de muitos dias de oração, ela permanecia com o problema. Stegen, então, entrou em crise. Sentiu-se fracassado, deixou a congregação onde pregava e foi para outro local. Depois de anos sentindo que sua pregação era infrutífera, ele decidiu buscar a Deus de maneira simples, como uma criança. Então, a partir de 1966, sua igreja em Mapumulo (a Leste do país, perto de Durban) passou a se reunir duas vezes por dia para cultuar a Deus e estudar a Bíblia, começando pelo livro dos Atos dos Apóstolos. E Deus começou a se revelar.

Coisas maravilhosas começaram a acontecer. Certa vez uma feiticeira o procurou pedindo para ser liberta. Ele a questionou sobre como ficara sabendo da igreja. A mulher não sabia dizer. Apenas sentira a necessidade de ser liberta. Eles oraram e, depois de alguns dias, ela estava totalmente livre. Nessa ocasião, eles chegaram a ficar semanas sem comer ou dormir direito, pois feiticeiras e curandeiros vinham de toda a parte para serem libertados. Tribos inteiras se entregaram a Jesus.

Certo homem, que comandava sua casa com uma vara, percebeu algo diferente em sua mulher. Apesar de ele chegar bêbado em sua casa e a agredir, ela permanecia bondosa e amorosa, preparando-lhe a cama e água quente para os pés. Aquilo mexeu profundamente com o homem, que entregou sua vida a Jesus. Jovens que se convertiam mudavam completamente seu comportamento em casa. Os pais, que a princípio não conseguiam entender a razão da mudança, acabavam se entregando a Jesus também.

Tudo isso, entretanto, teve lugar depois de um momento em que o pastor Stegen encarou o fracasso. Ele esteve a ponto de desistir porque, por mais que orasse, não tinha êxito em obter curas — e os zulus cobravam isso dele; eles achavam que seus feiticeiros tinham o poder de curar, como então Jesus não teria? Também não viam a transformação na vida de suas ovelhas, que continuavam entregues às mesmas práticas de antes da conversão. Pior, velhos preconceitos lhe voltavam à mente: os zulus não estavam aprendendo porque eram ignorantes, e não educados como os brancos. Quando o Espírito Santo se derramou, entretanto, tudo isso foi esquecido. Sobrou apenas a alegria de fazer parte de uma operação divina.

Mas de onde veio tal persistência? Do próprio pregador? A resposta para essa questão está na própria Palavra: "Ora, é Deus que faz que nós e vocês permaneçamos firmes em Cristo. Ele nos ungiu, nos selou como sua propriedade e pôs o seu Espírito em nossos corações como garantia do que está por vir" (2 Coríntios 1:21,22). Basta, portanto, manter a certeza de que a obra é de Deus. Você tem um papel no avivamento, mas é Deus quem o faz.

O leitor provavelmente pensou da mesma forma que Stegen em algum momento, nem que por apenas um instante. Isso não é incomum e não faz de você alguém menos qualificado para a obra de Deus, como comprova essa história de fé e persistência.

▎Depois da leitura

Perceba que a trajetória de Erlo Stegen passa da descrença à conversão e ao engajamento impressionante, seguidos pelo desalento e, só então, pelo avivamento. Em qual dessas fases você está?

39

Fogo de palha?

Notícias sobre ele se espalharam por toda a Síria, e o povo lhe trouxe todos os que estavam padecendo vários males e tormentos: endemoninhados, epiléticos e paralíticos; e ele os curou (MATEUS 4:24).

FOGO DE PALHA É UMA expressão popular que qualifica alguma coisa que tem início rápido, se propaga num instante e logo desaparece, sem deixar vestígios de sua fugaz existência. É usada, quase sempre, em situações de grande entusiasmo pessoal ou coletivo, mas sem resultados no longo prazo. Algo que vem e logo passa.

Talvez você tenha ouvido de alguém que esse negócio de buscar avivamento é "fogo de palha". Que, mesmo que haja alguma manifestação real por parte de Deus, a rotina da religião institucionalizada logo enterrará tudo isso.

Sim, isso pode acontecer. Mas só se você deixar.

A verdade é que, na maior parte das ocasiões em que ocorreram, os avivamentos modernos deixaram um legado de instituições que desempenharam e desempenham ainda hoje papéis importantes em suas sociedades. Os avivalistas pregaram, escreveram romances e obras em defesa da fé, plantaram igrejas, construíram hospitais, escolas e orfanatos, criaram sociedades para apoio às missões e socorro aos necessitados.

Esses movimentos prosseguiram no cumprimento dos ideais plantados por Deus no coração de seus líderes, mesmo décadas depois da eclosão do avivamento.

Além disso, a história mostra que um avivamento "puxa" outro. As notícias do que ocorreu no País de Gales na época de Evan Roberts, em 1904–05, inspiraram crentes dos Estados Unidos que participariam do movimento da rua Azusa e missionários que pregavam na Coreia. Isso não é surpreendente, porque repete algo que acontecia desde os tempos de Jesus — por onde quer que andasse, a notícia de Sua presença se espalhava e as pessoas vinham em busca de Seus ensinamentos e milagres. "Notícias sobre ele se espalharam por toda a Síria, e o povo lhe trouxe todos os que estavam padecendo vários males e tormentos: endemoninhados, epiléticos e paralíticos; e ele os curou" (Mateus 4:24).

Quando o Espírito Santo se derrama sobre os crentes, um movimento semelhante ocorre. Em consequência disso, pessoas que viveram um avivamento pessoal podem mudar a história de nações inteiras. Lembre-se da história contada no capítulo 6: as orações do povo de Fiji pacificaram o país. E há o caso do pastor Laszlo Tokes, cuja iminente prisão foi a fagulha que deu início à revolução romena de 1989, levando ao fim a ditadura de Nicolae Ceausescu.

Em março de 1989, Tokes recebeu ordens de deixar sua congregação, na cidade de Timisoara, para assumir um posto em Mineu, um vilarejo nas montanhas distante 300 quilômetros. A decisão havia sido tramada pela polícia política romena, que queria puni-lo por suas posições contrárias ao regime. Com o apoio dos membros de sua igreja, ele recusou-se. A situação ficou mais e mais tensa até 15 de dezembro, data marcada para sua transferência. Os membros da comunidade local cercaram sua casa para impedir que a polícia o levasse. Mesmo com os pedidos do próprio pastor para que fossem embora, eles continuaram tomando as ruas da cidade, no que acabou se tornando um protesto generalizado contra o governo.

Em meio a esse ambiente, Tokes preparava seu sermão para o culto de Natal. "Preferiu tirar o seu texto dos versículos que se referiam ao massacre dos inocentes realizado por Herodes. Era a única passagem que falaria mais diretamente aos membros de sua igreja. A opressão, o medo e a violência, o quinhão diário dos oprimidos, eles entendiam bem", descreveu Philip Yancey[1]. Ceausescu foi deposto em 22 de dezembro daquele ano.

É bom ter em mente que o fogo na palha — ou em outros objetos de combustão rápida, como folhas secas e papel — tem uma utilidade bem conhecida por todos aqueles que gostam de um bom churrasco. Ele serve para acender uma fogueira e dar condições para a queima de combustíveis mais potentes, como a lenha ou o carvão. Sem essa centelha inicial, não há como manter uma chama duradoura.

Você teve a chama de sua fé reavivada? De verdade? Então veja bem o que vai fazer com esse fogo.

▪ Depois da leitura

As igrejas cristãs brasileiras têm diversas formas de participação na sociedade. Há trabalhos sociais, em áreas como a saúde e o combate à miséria, por exemplo. Há também ministérios de evangelização e de apoio às pessoas em situação de risco. Você pode encontrar diversas maneiras de participar desses esforços e pôr a sua fé em prática. Se Deus colocou em seu coração (ou de sua comunidade) um objetivo mais específico ou não atendido por esses movimentos, você também pode criar um caminho novo. O importante é usar o fogo do avivamento para transformar a sociedade em algo mais próximo dos desejos de Deus nos campos social, moral e espiritual.

40

Tal qual estou

Jesus Cristo é o mesmo, ontem, hoje e para sempre
(HEBREUS 13:8).

PELOS 39 CAPÍTULOS anteriores passaram vultos históricos do cristianismo e pessoas menos conhecidas do público em geral, algumas até anônimas, que foram escolhidas por Deus para viverem momentos especiais em resposta a estímulos provenientes do Espírito Santo.

O que há de extraordinário nessas pessoas? Por que, por exemplo, Deus escolheu Martinho Lutero para ser o iniciador da Reforma Protestante, em lugar de qualquer outro padre da Alemanha? E por que Christmas Evans teve de perder um olho numa briga antes de converter-se e tomar parte no avivamento do País de Gales?

Deus é sábio, e as respostas a essas questões estão no domínio da Sua soberania. É certo, entretanto, que Ele usa cada um na medida de sua fé e da sua disposição em servi-lo. Dá para imaginar que Evans preferisse ter seguido a Cristo desde a infância. Assim, os infortúnios decorrentes de sua vida sem Jesus nunca teriam ocorrido. Mas não é demais lembrar que eles ajudaram a fortalecer o arrependimento no jovem galês, e sem arrependimento não há avivamento.

Também é certo que o Deus que fez todas essas obras é o mesmo que age ainda hoje, conforme lembra a carta aos

Hebreus 13:8, "Jesus Cristo é o mesmo, ontem, hoje e para sempre". E Ele quer usar cada um dos Seus servos.

Em suas inúmeras cruzadas evangelísticas, Billy Graham costumava usar um hino que era peça essencial em seus apelos à conversão: Tal qual estou (CC 266). O poema que serve de letra foi composto por Charlotte Elliott, poetisa brilhante de uma família com tradição ministerial, que perdeu os movimentos nas pernas quando tinha por volta de 30 anos. A doença, o sofrimento e o fato de tornar-se inválida a deixaram amarga. Foi nessa condição que, certo dia, ela foi confrontada por um visitante de seu pai, que lhe perguntou:

—Você fala em ir a Jesus, mas como?

—Não sou digna de ir até ele. Disse Charlotte.

—Venha tal qual você está. Respondeu-lhe o interlocutor, o pastor suíço Cesar Malan.

Deus quer usá-lo, caro leitor, em um novo avivamento. Ele quer derramar o Seu Espírito e Sua graça sobre o Brasil. Ele quer restaurar padrões morais, criar uma sociedade mais justa e tornar as pessoais mais saudáveis, espiritual e fisicamente. Ele pode usá-lo assim, tal qual como você está. Como fez com Charlotte Elliott, Christmas Evans, Lutero, Julio Ruibal, Analzira Nascimento, Thomas Muthee e tantos outros.

Dê o próximo passo, e escreva o próximo capítulo da história dos avivamentos.

▪ Depois da leitura

Por certo, neste mesmo capítulo deveria vir uma página em branco, para ser completada com a sua história de avivamento. O que você acha?

Você não precisa escrever nada agora. Mas programe-se para ler novamente este livro em seis meses e fazer um registro do que mudou nesse período.

Notas semana 6
[1] YANCEY, Philip. *O Jesus que eu Nunca Conheci,* São Paulo: Vida, 2002, p.29.

Referências Bibliográficas

BARTLEMAN, Frank. *A História do Avivamento Azusa.* Americana: Worship Produções, 2008.

BÍBLIA SAGRADA: *Nova Versão Internacional.* Sociedade Bíblica Internacional, 2003.

BOYER, Orlando S. *Heróis da Fé.* Rio de Janeiro, CPAD, 1999.

BROWN, Theron e BUTTERWORTH, Hezekiah. *The Story of Hymns and Tunes.* Disponível em: http://www.gutenberg.org/ebooks/18444. Visitado em 8/3/2011.

CHO, Paul Y. *Oração — A Chave do Avivamento.* São Paulo: Betânia, 1982.

COLLINS, Michael e PRICE, Matthew A. *História do Cristianismo.* São Paulo: Loyola, 2000.

DUEWEL, Wesley L. *Em Chamas para Deus.* São Paulo: Candeia, 1996.

EDWARDS, Jonathan. *Pecadores nas mãos de um Deus Irado.* São Paulo: Editora PES, 2006.

FLUCK, Marlon R. *Protestantismo se Reformando nos Séculos XVII-XIX: Confessionalização, Pietismo e Reavivamentos.* Curitiba: Cia. de Escritores, 2009.

GEORGE, Timothy. *Teologia dos Reformadores*. São Paulo: Vida Nova, 1994.

GONDIM, Ricardo. *Artesãos de uma Nova História*. São Paulo: Candeia, 2004.

HYBELS, Bill. *Como ser um Cristão Autêntico*. São Paulo: Vida, 1997.

LAWSON, Steven. Alerta Final. Rio de Janeiro: CPAD, 1996.

PEREIRA, Josivaldo de França. *O Padrão Bíblico de Avivamento*. Disponível em: http://www.monergismo.com/textos/avivamento/avivamento_padrao.htm. Visitado em 08/03/2011.

SCHALKWIJK, Frans L. *O Conde e o Avivamento Morávio: um Ensaio Histórico por Ocasião do Tricentenário de Zinzendorf*. In: Fides Reformata. São Paulo, v.5, n.2, jul/dez 2000.

TUCKER, Ruth. From *Jerusalem to Irian Jaya: a Biographical History or Christian Missions*. Grand Rapids: Zondervan, 2004.

YANCEY, Philip. *Maravilhosa Graça*. São Paulo: Vida, 2001.

_____. *O Jesus que eu Nunca Conheci*. São Paulo: Vida, 2002.